辰 薇◎著

美好，从美开始

中国文史出版社

图书在版编目（ＣＩＰ）数据

美好，从美开始/辰薇著．--北京：中国文史出

版社，2019.11

ISBN 978-7-5205-1597-9

Ⅰ．①美… Ⅱ．①辰… Ⅲ．①美育 Ⅳ．① G40-014

中国版本图书馆 CIP 数据核字 (2019) 第 272523 号

责任编辑：卜伟欣

出版发行：中国文史出版社

社　　址：北京市海淀区西八里庄69号院　　邮编：100142

电　　话：010—81136606　81136602　81136603（发行部）

传　　真：010—81136655

印　　装：北京金康利印刷有限公司

经　　销：全国新华书店

开　　本：32开

印　　张：7.5

字　　数：180千字

版　　次：2020年1月北京第1版

印　　次：2020年1月第1次印刷

定　　价：42.00元

序

获得终级幸福的能力

美，是我们踏入社会的第一封推荐信。

很多优秀的人，空有一身抱负和能力，却独独少了它，人生也因此失去更多的可能。这可能，也许是一份心仪的工作，也许是一次浪漫的邂逅，也许，是你未来获得幸福的自信跟底气。美学教育这一课，是我们终其一生也无法避免的。

作为中国形象设计最早的一批科班专业人员，我几乎见证了这个领域从无到有的发展历程。早期，中国人羞于提美，中国女人更是羞于展示自己的美。像我这般年纪的八零后孩子，从小到大听到父母的教导都是"不要和爱臭美的孩子一起玩""就知道臭美怎么能好好学习""臭美的孩子以后没出息"。在这种论调下，几乎没有人教过我们如何提升自己的外表。但不幸的是，成年后的我们却措手不及地被投入到一个"看脸的时代"。

从大学打造个人形象的第一堂专业课起，到如今创立美在当下形象管理的品牌，这十多年的时间，我的身份变了再变：化妆培训师、执行校长、明星艺人形象管理师、宝妈、女性创业者、团队领导、全国市场媒体人，参与了电视节目《非你莫属》《美丽俏佳人》等。但不管如何变，这些年我仿佛从头到尾就做了一件事：爱美。而这件事也从一开始的单纯喜好，渐渐变成了我一生的使命。这期间，我也伴随着国内形象设计理念，从第一代美学系统走到了美学的第三代量化系统。

在这个过程中，我接触到了无数的人，也正是她们，让我发现自己工作的意义。曾经有个学生给我的印象非常深刻。她专门请了长假远赴千里过来跟我学习。变美对她来说成了一件十分迫切的事。三十多岁的她对自己的形象非常不自信，完全不懂穿衣搭配，甚至不能分辨什么是美丑。即使她有心改变，花大价钱买来的品牌包包衣服搭在自己身上竟被人认为是假货，也是因为对形象的自卑，她都没谈过恋爱。她的学习结束课程后，给了我十分大的触动。我想专业的形象管理，并非只有名人明星可以享用，更应该走入每个女人的日常生活中，成为一件再普通不过的事情。变美，可能是我为自己、为其他女人做过的最好的事情。

为了把我十多年来积累的美学知识及工作经验分享出来，培养出更多优秀的美业从业者。在 2016 年初，我启动了美在当下的首届教练班课程。课程一经推出就得到了同行业的高度认可和好评。从2016 年到 2019 年三年的时间，美在当下得到了中华全国总工会、清华大学、中国传媒大学、河北传媒学院、北京财贸学院、华辰教育、IMA 教育联盟、国栋造型等平台的大力支持。我也在学员们的呼声下，出版了自己的第一本书《美在当下，形象管理》。这本书结合美学体系在中国的发展历程以及我多年的实践经验，形成了一套完整先进的美学系统。它主要是针对美业从业者及管理者，制定标准化的要求，更注重理论一些。

但作为普通女性来说，其实更加迫切需要的是形象管理实操的技术。对于明星艺人来说，形象管理对她们不过是"锦上添花"，但是对于每个普通女性来说，形象管理很有可能改变她们的境遇和对生活的态度。

为了使更多爱美女性掌握形象管理的技术，我写了自己的第二本书《美好，从美开始》。相比第一本书而言，它更像是一个贴心的形象小管家，将许多针对美业人士的高深理论，替换成了通俗易懂的语言。书中，我也将自己多年来的实操案例融入其中，将更多可落地的实操方法传授给大家。全书从风格穿着、定制化妆容、形体管理以及人际交往、美商培养等多个维度出发，希望可以帮助每一个女性朋友，收获美丽人生。

我希望所有的女人，都能懂得照顾自己、独立、健康，内心强大！这是我的终极幸福，也是我对我的读者们的终极祝愿。

辰薇

2019 年 11 月 10 日

目录

Part1 护肤篇

有趣的灵魂，还要好看的皮囊配

愿我们每个人，即拥有好看的皮囊，又能有独属于自己的有趣灵魂。

皮肤对女人的重要性，相信每个人都已经深刻认识到了。但是为什么花了那么多钱，依旧护理不好一张脸？为什么别人用起来效果显著的护肤品，在自己这里却毫无成效甚至过敏烂脸？在这个章节中，您可以通过精准的测试，了解自己的皮肤类型，采用更科学有效的护肤方法，了解各类护肤品的成分和效果。学会在高节奏的现代都市女性生活中，找到保养皮肤的平衡点，正确看待自然衰老这件事。

先给你的肌肤定个小目标　|002

要脸，就要选对美肤产品　|012

熬夜晚睡族的弹性皮肤保养秘诀　|016

护肤不防晒，一切都白搭　|019

甜美的女人不吃糖　|023

三类肌肤的粗大毛孔解决方案　|027

"不洗脸"是最好的护肤方式　|032

别在抗衰老的途中迷路　|035

Part2 穿着篇
穿得无可挑剔，人们才会记住衣服里的女人

服装更多时候并不只是服装，它是你的语言，你的想法，你的心情。你可以赋予它情绪和生命力。

如何通过穿衣打扮凸显自己的优点，如何巧妙地遮掩自己身型缺陷，如何通过细节装饰化腐朽为神奇？本章节试着从女性日常穿搭中最容易出错的几个领域入手，通过讲述服装风格和色系、性感秘诀、高跟鞋、香水、礼服、内衣、耳环配饰等最实用的法则，展开一场跟女性的秘密约会。

会穿衣的女人从不依赖颜值　|040

小露香肩，也能大展风情　|045

女人的礼服，如同战衣　|049

给你一双高跟鞋，全世界都在脚底下　|054

耳环，一场不动声色的性感　|059

看起来很高级的莫兰迪色，适合你吗？　|063

你对自己多好，内衣全知道　|066

你不懂香水，别乱来　|070

Part3 妆容篇
让那些最美好的相遇，始于容颜

要想美无处不在，一要发现它，二要创造它。

不管你承认与否，化妆已经成了每一个女性生活的一部分。美丽的容颜不止是屏幕上耀眼明星的专利，每个人都可以亲手打造自己的女神妆容。在这之前，我们需要无比熟悉自己的五官，找到它的风格，认可并接纳它的个性，最

终将它的亮点放大。本章会从发型、底妆、眉眼唇妆以及妆前妆后护理等一系列完整的流程，手把手教你如何打造自己的专属女神妆。

拒绝撞脸，找到自己的专属妆容　|076

这样画眼妆的你，真好看　|081

堪比整容的美颜术是什么？换发型　|087

底妆不好看，因为你差了这一步　|092

柔情似水，皆在眉梢　|094

原来唇妆还可以这么玩　|096

路人怎么"妆"出高级感　|099

卸妆不对，颜值报废　|102

Part4 形体篇
做那道投映在波心最美的身影

别忘了关爱你的身体。你形体的每一个细节，会泄露岁月留下的一切秘密。

美好挺拔的形体不仅关乎审美，也影响着我们的身体健康。要想在任何时候都美成一幅画，我们必须了解自己，必须对形体美的标准有完整的认识，通过日常的训练和坚持，纠正自己常见的体态错误，养成良好的习惯。这个章节便是从肩颈、腰背、手臂以及饮食习惯等方面，整理出一整套最实用有效的训练方法，让我们在日常坚持中，获得挺拔苗条的身型。

对自己越狠的女人，活得越高级　|106

拒绝头前引，保护好我们的"灵魂线"　|109

腰线，女人美的底线　|112

从"蝴蝶臂"到"天鹅臂"，你只需要这么做 |114

每天花 10 小时毁容，你的丑跟胖没关系 |117

一个人走路的时候，背影要美 |120

女神，拍照姿势不能输 |123

你胃里面装的都是脸上的明天 |127

Part5 情商篇
比聪慧更美的是真实的善良

修炼情商，最该练的不是嘴，而是心。

情商高成了对现代女性的另一种高级赞美。但它并不意味着八面玲珑、情绪稳定或者人好话甜。情商是一门真正高深的学问，这门学问不仅仅只是表面的克制或改造，最重要的核心点是我们发自心底的善良。如何将这种善良合理地运用到我们的爱情、婚姻、家庭以及人际交往中，通过不断训练，将它修炼成最高级的情商？在这章节中，您可以找到答案。

真正的爱，是一场得体的退出（爱情） |132

家庭关系，是女人的修道场（婚姻） |136

高质量的陪伴，是看得见 |139

当心，别把刻薄当幽默 |143

成年人的高配，是懂得控制情绪 |146

重要的话，轻声地说 |151

嘴巴温柔点，世界会更"听话" |153

让人舒服的程度，决定人生的高度 |155

Part6 礼仪篇
让我们的第二张脸经得起考验

高级美的女人，都有第二张脸，叫礼仪修养。

在现代社会，礼仪修养的价值和影响不容忽视。本章节从最贴近我们生活的社会交往出发，内容涉及形体礼仪、餐桌礼仪、手机社交礼仪、初次见面礼仪、人情往来礼仪、职场礼仪等方面，以实用规范的说明和生动的案例，将我们平时忽略或者根本不知道的约定俗成，一一为您呈现。打造高级美，从礼仪修养开始。

你的修养，全在体态里　|158

餐桌上，懂得拒酒的女人，更有魅力　|163

新时代，手机里的社交礼仪知多少？　|166

初次见面，如何优雅地把自己介绍给别人？　|169

眼中有全局，才能避免僵局变结局　|173

能让人接受的礼物，才是好的礼物　|176

办公室礼仪的八个禁忌你知道吗？　|178

Part7 成长篇
美在岁月提升的过程，而非和岁月抗衡

美不是停止的。每一个最好的当下的状态，都指向下一个更美好的你。

最真实的美，往往是从内而外溢出的，它需要一湾澄澈的心灵之泉滋养着。如何在节奏忙乱的当下，找到迷失的自己和宁静平和的心灵之泉，是我们每一个人都缺失的一门课程。本章节试着从培养健康的爱好、提升艺术审美品味、接纳真实的自己、正确看待人生的转机和挫折等几个方面，探索让我们心灵重归澄澈单纯的方法。

爱好，让我们学会与自己独处 |182

艺术，是爱美者的一面镜子 |185

喜欢看书的女人，眼里有星辰 |188

你已在发光，又何必非做太阳 |191

成为真实的自己，是一种荣耀 |194

谁没年轻过，可你老过吗 |198

婚姻，不是包治一切的良药 |201

Part8 养心篇
让岁月看得见你的优雅

要收获经得起岁月的那份美，先从修养心性开始。

一个追求完美的女人，不论身处怎样的境地，都会在人生的舞台上竭尽全力地散发出属于自己的光芒，而这光芒，是照亮黑暗路途的希望。本章节从女性常见的困惑："家庭和事业如何平衡？""强大就意味着拒绝脆弱吗？""如何在两性关系中保持独立？""如何获得精彩的人生？"等方面入手，对话时代女性，为优秀的你，寻找人生的答案。

做生活中的小女人，精神世界的大女人 |204

亲爱的，请允许自己脆弱 |207

独处是最珍贵的自由 |209

心态安好，便是晴天 |212

慢一点，和自己的灵魂谈谈 |215

世界不缺美，别让美的定义太狭隘 |218

优雅是唯一不会褪色的美丽 |221

后 记 终其一生，不要失去美的信仰 |224

Part1 护肤篇

有趣的灵魂，还要好看的皮囊配

愿我们每个人，
即拥有好看的皮囊，
又能有独属于自己的有趣灵魂。

皮肤对女人的重要性，相信每个人都已经深刻认识到了。但是为什么花了那么多钱，依旧护理不好一张脸？为什么别人用起来效果显著的护肤品，在自己这里却毫无成效甚至过敏烂脸？在这个章节中，您可以通过精准的测试，了解自己的皮肤类型，采用更科学有效的护肤方法，了解各类护肤品的成分和效果。学会在高节奏的现代都市女性生活中，找到保养皮肤的平衡点，正确看待自然衰老这件事。

先给你的肌肤定个小目标

一张干净的脸，是女人最珍贵的财富。

上乘质量的肌肤，不但能为自己的外貌加分，还能让自己的内在显得更加动人。皮肤的好坏能反映一个女人很多潜在的信息：她的生活是否规律？有没有幸福感？是否经常打理自己？对生活和自我的要求如何？

有时候，我们与美的距离，可能就差这一寸美好的肌肤。

这肌肤，能让你在任何时候都能自信满满地应对各种场合。带妆的你是女王，素颜依旧可以是女神。但是很多爱美女士却在护肤上存在很多误区。身边大有这样的朋友，她们会花很多钱囤一堆彩妆，斩男口红、素颜霜、撩汉眼影等都在其列，却没认真了解过自己的皮肤。

这一步看似很简单，但很多人都不了解自己的肤质，购买化妆品也完全是盲从，看哪些护肤博主说好用，或者网上什么火就跟风购买，丝毫不考虑自己是否适合，最后自己的皮肤越来越糟糕，还导致一大堆的闲置，就算是剁手也剁得十分不值。

那么如何才能正确判断自己属于什么肤质呢？我为大家设计了一整套针对肤质的测试，大家可以看看自己属于哪一种类型。

干性皮肤 VS 油性皮肤

拿出纸笔，需要计分的，一共有 11 道题哦。

选 A:1 分　选 B：2 分　选 C：3 分　选 D：4 分　选 E：2.5 分

Q1. 洗完脸后的 2~3 小时，不在脸上涂任何保湿／防晒产品、化妆水、粉底或任何产品，这时如果在明亮的光线下照镜子，你的前额和脸颊部位：

A. 非常粗糙、出现皮屑，或者如布满灰尘般的晦暗

B. 仍有紧绷感

C. 能够恢复正常的润泽感而且在镜中看不到反光

D. 能看到反光

Q2. 在自己以往的照片中，你的脸是否显得光亮：

A. 从不，或你从未意识到有这种情况

B. 有时会

C. 经常会

D. 历来如此

Q3. 上妆或使用粉底，但是不涂干的粉（如质地干燥的粉饼或散粉），2~3 小时后，你的妆容看起来：

A. 出现皮屑，有的粉底在皱纹里结成小块

B. 光滑

C. 出现闪亮

D. 出现条纹并且闪亮

E. 我从不用粉底

Q4. 身处干燥的环境中，如果不用保湿产品或防晒产品，你的面部

皮肤：

A. 感觉很干或锐痛

B. 感觉紧绷

C. 感觉正常

D. 看起来有光亮，或从不觉得此时需要用保湿产品

E. 不知道

Q5. 照一照有放大功能的化妆镜，从你的脸上能看到多少大头针尖大小的毛孔：

A. 一个都没有

B. T区（前额和鼻子）有一些

C. 很多

D. 非常多

E. 不知道（注意：反复检查后仍不能判断状况时才选E）

Q6. 如果让你描述自己的面部皮肤特征，你会选择：

A. 干性

B. 中性（正常）

C. 混合性

D. 油性

Q7. 当你使用泡沫丰富的皂类洁面产品洗脸后，你感觉：

A. 干燥或有刺痛的感觉

B. 有些干燥但是没有刺痛感

C. 没有异常

D. 皮肤出油

E. 我从不使用皂类或其他泡泡类的洁面产品（如果这是因为它们会

使你的皮肤感觉干和不舒服，请选 A）

Q8.如果不使用保湿产品，你的脸部觉得干吗：

A. 总是如此

B. 有时

C. 很少

D. 从不

Q9. 你脸上有阻塞的毛孔吗（包括"黑头"和"白头"）：

A. 从来没有

B. 很少有

C. 有时有

D. 总是出现

Q10.T 区（前额和鼻子一带）出油吗：

A. 从没有油光

B. 有时会有出油现象

C. 经常有出油现象

D. 总是油油的

Q11. 脸上涂过保湿产品后 2~3 小时，你的两颊部位：

A. 非常粗糙、脱皮或者如布满灰尘般晦暗

B. 干燥光滑

C. 有轻微的油光

D. 有油光、滑腻或者你从不觉得有必要，事实上也不怎么使用保湿

产品

你的得分是：

34~44 分，属于非常油的皮肤；

27~33 分，属于轻微的油性皮肤；

17~26 分，属于轻微的干性皮肤；

11~16 分，属于非常干的皮肤；

爱美的朋友们，上面的肤质测试题算是护肤界非常实用的一版了。你们测试出来的最后结果怎么样呢？肤质除了油干，还有敏感与否，下面一套是皮肤耐受性测试，快来看看你肌肤的敏感程度吧。

敏感性皮肤 VS 耐受性皮肤

拿出纸笔，需要计分的，一共有 18 道题哦。

选 A:1 分　选 B：2 分　选 C：3 分　选 D：4 分　选 E：2.5 分

1. 脸上会出现红色凸起吗?

A. 从不

B. 很少

C. 至少一个月出现一次

D. 至少每周出现一次

2. 护肤产品（包括洁面、保湿、化妆水、彩妆等）会引发潮红、痒或是刺痛：

A. 从不

B. 很少

C. 经常

D. 总是如此

E. 我从不使用以上产品

3. 曾被诊断为痤疮：

A. 没有

B. 没去看过，但朋友和熟人说我有

C. 是的

D. 是的，而且症状严重

E. 不确定

4. 如果你佩戴的首饰不是 14K 金以上的，皮肤发红的概率：

A. 从不

B. 很少

C. 经常

D. 总是如此

E. 不确定

5. 防晒产品令你的皮肤发痒、灼烧、起痘或发红：

A. 从不

B. 很少

C. 经常

D. 总是如此

E. 我从不使用防晒产品

6. 曾被诊断为局部性皮炎、湿疹或接触性皮炎（一种过敏性的皮肤发红）：

A. 没有

B. 没去看过，但朋友和熟人说我有

C. 是的

D. 是的，而且症状严重

E. 不确定

7. 你佩戴戒指的皮肤部位发红的概率：

A. 从不

B. 很少

C. 经常

D. 总是发红

E. 我不戴戒指

8. 芳香泡泡浴、按摩油或润肤霜会令你的皮肤起痘、发痒或感觉干燥：

A. 从不

B. 很少

C. 经常

D. 总是

E. 我从不使用这类产品（如果你不使用的原因是会引起以上症状，
请选 D）

9. 有使用酒店里提供的香皂洗脸或洗澡的经历，却没什么问题：

A. 是的

B. 大部分时候没什么

C. 不行，我会起痘或发红、发痒

D. 我可不敢用，以前用过，总是不舒服

E. 我总是用自己带的东西，所以不确定

10. 你的直系亲属中有人被诊断为局部性皮炎、湿疹、气喘或过敏：

A. 没有

B. 据我所知有一个

C. 好几个

D. 数位家庭成员有局部性皮炎、湿疹、气喘或过敏

E. 不确定

11. 使用含香料的洗涤剂清洗，以及经过防静电处理和烘干的床单时：

A. 皮肤反应良好

B. 感觉有点干

C. 发痒

D. 发痒、发红

E. 不确定，因为我从不用这些东西

12. 中等强度的运动后感到有些压力或出现生气等其他强烈情绪时，面部皮肤发红的概率：

A. 从不

B. 有时

C. 经常

D. 总是如此

13. 喝过酒精饮料后，脸变红的情况：

A. 从不

B. 有时

C. 经常

D. 总是这样

E. 我从不饮酒

14. 吃辣或热的食物／饮料会导致皮肤发红的情况：

A. 从不

B. 有时

C. 经常

D. 总是这样

E. 我从不吃辣（如果是因为怕皮肤发红，请选 D）

15. 脸和鼻子的部位有多少能用肉眼看到的皮下破裂毛细血管（呈红色或蓝色），或者你曾经为此做过治疗：

A. 没有

B. 有少量（全脸，包括鼻子有 1~3 处）

C. 有一些（全脸，包括鼻子有 4~6 处）

D. 很多（全脸，包括鼻子有 7 处或以上）

16. 从照片上看，你的脸看上去发红吗：

A. 从不，或没注意有这样的问题

B. 有时

C. 经常

D. 是这样

17. 有人会问你是不是被晒伤了之类的话，而其实你并没有：

A. 从不

B. 有时

C. 总是这样

D. 我总被晒伤（这可够糟糕的！）

18. 你因为涂了彩妆、防晒霜或其他护肤品发生发红、发痒或面部肿胀：

A. 从不

B. 有时

C. 经常

D. 总是这样

E.我从不用这些东西(如果不用是因为曾经发生过以上症状,请选D)

注意：如果你曾被皮肤科医生确诊为痤疮、红斑痤疮、接触性皮炎或湿疹，请在总分上加 5 分；如果是其他科的医生（如内科医生）认为你患了上述病症，请在总分上加 2 分。

你的得分是：

34~72 分，属于非常敏感的皮肤；

30~33 分，属于略为敏感的皮肤；

25~29 分，属于比较有耐受性的皮肤；

17~24 分，属于耐受性很强的皮肤（恭喜！）

清楚地了解了自己的肤质问题之后，大家才能更好地根据肤质特点来选择适合自己的护肤产品。避免盲目护肤，皮肤才会变得更好。爱美的朋友们，你学会了吗？

要脸，就要选对美肤产品

面对梳妆台上一大堆瓶瓶罐罐，从爽肤水、精华液、精油、乳液到各种霜，你是不是时常陷入兴奋又迷茫的状态？女人在"爱美"这件事上，都是认真的！但现实往往是你省吃俭用很久，买了一套很贵的护肤品，却看不见任何效果，甚至出现皮肤不耐受的情况，是不是很心疼？

对护肤品的研究在这里就显得尤为重要。

很多爱美的女孩开始琢磨，那些贵得咋舌的护肤品到底贵在哪里呢？但是看看护肤品包装盒上各种又长又拗口的成分名称，又觉得很头疼。面对护肤品市场琳琅满目的选择，要想选对最合适自己的，确实并非易事，但如果你能掌握窍门，也可以成为自己的专属护肤大师。

首先，护肤品的很多成分都是我们所熟悉的，一件护肤品的完整成分表可能多达数十种，但实际上我们只需要弄懂一些主要的就可以了。下面列举一些常见的、需要了解的成分。这几种成分不管是平价商品还是贵妇商品，都是必不可少的。

1. 保湿剂

护肤品大多都有保湿的功效，首先起作用的就是保湿剂。常见的保湿剂有甘油（丙三醇）、透明质酸、氨基酸、胶原蛋白、PCA- 钠等。

保湿剂被认为可以明显提高皮肤的含水量，增加皮肤弹性，改善皮肤干燥状态。它主要是通过抓取和输送水分，防止皮肤水分流失，维持皮肤的水分含量。

保湿剂也属于面霜中最常用的成分，低价产品可能会选择甘油、白油；高价产品可能会选择神经酰胺、透明质酸，其中，透明质酸是目前发现的自然界中保湿性最好的物质。透明质酸之所以具有特殊的保水作用，是因为 2% 的纯透明质酸水溶液能牢固地保持 98% 的水分。

透明质酸其实也属于人皮肤表皮及真皮的主要基质成分之一，它能使水分进入细胞间隙，跟蛋白质结合形成蛋白凝胶，把细胞黏在一起，发挥正常的细胞代谢作用，就能起到保持细胞水分，保护细胞不受病原菌的侵害，加快恢复皮肤组织，提高创口愈合再生的能力，可以说是护肤界的"扛把子"。

2. 皮肤自有成分

这是护肤品中最安全的成分。顾名思义，好的护肤品大多是皮肤自有的或类似的成分。比如说多元脂质体、神经酰胺、维生素 A、天然维生素 E、乳酸钠、乳酸都是皮肤自有的成分，有保护皮肤、保湿功能。

其中值得一提的是神经酰胺，它存在于肌肤角质细胞与细胞之间，是维持角质润泽、保持肌肤水分的重要成分，且易被皮肤吸收，并能促进其他营养物质渗透，适用于粗糙、干燥、多屑皮肤，尤其对老年干性皮肤保湿有效率为 80%。

而且神经酰胺可以有效促进表皮的水合作用，改善皮肤保持水分的能力。它还能增强表皮细胞的内聚力，帮助皮肤再恢复，改善皮肤外观，令皮肤光滑、有弹性，也能避免或减少因紫外线照射而引起的表皮剥落，从而有助于皮肤抗衰老。

现在市面上一些抗衰老或功效型保湿护肤品中，大多含有神经酰胺。神经酰胺保湿剂的研发前期，它更是被广泛运用于眼霜中，可以有效改善眼部的皱纹状况。

3. 果酸

它可谓"剥角质光滑肌的好帮手"。果酸的细小分子有着超强的渗透力，能快速渗透皮肤，减少角质细胞间的桥粒连接，增进上皮细胞新陈代谢的速度，加速老化角质细胞脱落，促使肌肤更新，让我们的上皮细胞排列更整齐，角质层变得光滑而细致。另外，果酸还能让毛孔周围的角化栓塞脱落，畅通毛囊管，有效防止毛孔阻塞，有利于皮质顺利排出，对已生成的痘痘有很好的祛除效果。

不过值得注意的是：使用含果酸的护肤品，会增加皮肤对紫外线的吸收，扩大晒伤机会，所以使用时，即便是阴天也要涂擦防晒用品。

4. 熊果苷

它是一种由越橘科植物熊果叶中萃取出的成分，能迅速渗入肌肤，在不影响细胞增殖浓度的同时，有效抑制皮肤中的酪氨酸酶的活性，阻断黑色素的形成，因此美白的护肤品中可常见这一成分。

5. 黏度调节剂

它主要是调节护肤品中溶剂的稳定及黏稠度，增加产品使用的舒适感。但它本身是没有护肤功效的，在医用护肤品中添加较少或不添加，常见于普通的护肤品中，如卡波姆、黄原胶、羟乙基纤维素、丙烯酸（酯）类。

6. 抗氧化剂

它是护肤预防中极为重要的内容，通过对氧气不良影响的阻止，来达到延缓衰老的目的。抗氧化剂有植物类和维生素类，其中值得一提的是多酚，它属于"抗氧化强手"，主要存在于一些常见的植物性食物中，赋予巧克力独特魅力的成分也是多酚。因此适当地吃一些吃巧克力，其实也可以抗衰老呢。

7. 植物提取物

常见于护肤品中，一般有库拉索芦荟叶提取物、海藻提取物、绿茶提取物、人参提取物、甘草根提取物、小黄瓜提取液、仙人掌花提取物、燕麦提取物、当归提取物等。

8. 舒缓成分

它常见于医学护肤品中，主要针对敏感肌肤，起到抗过敏、抗刺激、修复敏感肌肤的作用。常见的成分有尿囊素、红没药醇、甘草根提取物、洋甘菊提取物、积雪草提取物等。

以上便是我们常见的护肤品成分，大家可以拿起手中的护肤品对照，看成分表中是否含有以上成分，或者有哪些新成分，它们都有哪些功效。

通常，护肤品成分表中标识的所有成分的排列顺序是按照浓度大小依次排列的，从浓度最大的开始，直至含量在1%的成分，以下的成分可以随意排列。

也就是说，排位越靠前，表明这个成分在该护肤品中占的比重越大。例如，水是护肤品中最常使用的媒介，在许多情况下是含量最多的成分，所以它一般在成分列表的第一位。

需要提醒的是，了解护肤品成分虽然很重要，但也不能"唯成分论"。毕竟，现在市面上的"三无"产品很多，任何撇开剂量谈成分的行为都是耍流氓。有些看似危险的成分，剂量控制好基本是安全的，而有些效果卓绝的成分剂量一旦过大，对皮肤一样会有刺激性。另外，成分会因原料不同而产生品质差异，而且即便是同品质、同剂量的成分，也是因人而异产生效果的。

熬夜晚睡族的弹性皮肤保养秘诀

作为职场上叱咤风云的丽人，加班熬夜成了我们必不可少的项目，有时候为了赶项目加班十几个小时都有，更别说为人母之后被压榨的睡眠了。女人不再是裹着小脚在家相夫教子的角色，我们同样需要撑起生活的半边天。

职场生涯竞争激烈，事业让女人获得尊重和话语权，但与此同时，属于女人自己的时间和空间也随之变少。熬最晚的夜、缺最多的觉，是现代的我们打开夜晚不可避免的方式。既然熬夜，我们就要承担随之而来的浮肿、黑眼圈、细纹、暗沉、皮脂分泌破坏、抵抗能力下降……

不过，美还是得美，绝不能让熬夜毁了我们的肌肤。就连活力爆棚、满脸胶原蛋白、正值生命巅峰的美少女们都早早修炼成养生精了，疲态毕露、身体已开始走下坡路的职场大龄青年们，就更加应该重视熬夜后的皮肤拯救方法了。

熬夜的后果

熬夜会带来一系列的皮肤问题，最明显的首先是眼周问题。

不规律的生活习惯和睡眠会让眼睛得不到充分休息，血液循环不佳，从而导致眼周的废物和毒素不能及时地排解出去，造成黑眼圈、眼袋和泪沟问题。

经常熬夜还容易导致皮肤内分泌失调，皮肤会变得又油又干。

这是因为熬夜会让皮肤的油脂分泌异常，从而导致皮肤出油加剧，同时毛孔粗大和痘痘自然就找上门了。而且，熬夜还会让皮肤的锁水能力下降，从而导致皮肤缺水干燥、起皮。

熬夜还会让皮肤暗沉，没有光泽。

这是因为睡眠不足，导致皮肤真皮和皮下组织血管的血液循环受阻，皮肤得不到充足的营养，就容易失去光泽，直接变身"黄脸婆"。

熬夜后的急救方法

看完是不是觉得熬夜超可怕？不过确实生活中有很多情况，都让我们不得不熬夜，比如考试、带娃、加班、学习等。

如果你也经常熬夜晚睡，要如何科学有效地解决熬夜放纵之后的脸蛋？在这里我给大家准备了一份熬夜急救指南。

1.卸妆

很多女孩经常熬夜熬到破罐子破摔，最后连妆都懒得卸，或者熬太晚了，直接省略护肤步骤。亲爱的姑娘们，你们可长点心吧。本来熬夜已经够伤皮肤了，再不认真做好晚间卸妆和护肤，那其实是对熬夜肌肤的二次伤害。

所以就算要晚睡，我也想提醒大家，一定提前做好卸妆和护肤的步骤。尤其是卸妆，一晚上不卸妆，很容易导致爆痘烂脸。

2.补水

刚刚说到，熬夜会让皮肤的锁水能力下降，所以睡前做好保湿是非常重要的。

对于睡前保湿，我建议大家可以敷一层厚厚的睡眠面膜，或者花 3~5 分钟来一波清爽透亮的水膜。皮肤喝饱了水，第二天就不会太过暗沉了。

3. 眼霜眼膜必须有

熬夜经常遇到的眼周肌肤问题，无非眼角细纹、黑眼圈、脂肪粒之类。这时候就需要使用眼霜了，过了 18 岁就该好好呵护你的眼周肌肤了，更不用说熬夜了。觉得霜状质地太厚，担心会有脂肪粒，那就用啫喱状的，清爽之余，还可以直接当成眼膜来敷。

4. 面部按摩

熬夜时，可以做一些简单的面部按摩，用双手十指轻轻按摩面部皮肤，一定要全面，不要漏掉一寸皮肤。同时，可以在手上适当涂抹一些保湿霜，这样效果会更好。按摩完之后，对于消除水肿是非常有帮助的。

5. 补充维生素 C

长期熬夜，容易造成体内胶原蛋白的流失，导致皮肤变得越来越差，从而加剧你的衰老速度。所以平时要记得多补充一些富含维生素 C 或含有胶原蛋白的食物，这样有利于皮肤恢复弹性和光泽。

同时也要尽量少吃辛辣类的食物，尤其是油性肤质的女性，这样可以防止皮肤中的水分过度蒸发。敏感肌的女性，应尽量少吃海鲜。

虽然大家准备了很多熬夜急救知识，但是我也得给你们泼泼冷水。无论你用多么天价的护肤品进行急救，熬夜多多少少还是会对皮肤有伤害的。千万别仗着年轻，有急救护肤品就为所欲为，时间会给你沉重的答复！

再划一次重点，最好的熬夜急救指南就是：不！熬！夜！

护肤不防晒，一切都白搭

防晒这事，我们天天说、月月说、年年说，因此，他可以说是我们老生常谈的话题了，毕竟"一白遮百丑"的道理赤裸裸地摆在那儿，而且对于追求白皮肤的爱美者来说，如果防晒工作没做好，涂再多的美白精华都是徒劳。

有些人会觉得母亲辈的人几乎从不护肤，照样天生丽质。但这个其实是非常少见的，除了优秀的基因，更多是环境决定的。护肤不止是臭美，还能实打实地避免被晒红、晒伤、晒老，降低被晒出皮肤癌的风险。

在很多人的观念里，只有夏天才有必要涂防晒，其他季节不涂防晒也不会怎么样。这里必须要说一句：一年四季防晒都是必不可少的。因为紫外线可不会分季节，无论你涂还是不涂，它都在那里，不离不弃。另一方面防晒不仅仅是为了防止晒黑和晒伤，更重要是防止光老化。

如何科学地涂防晒霜呢？很多人可能会笑，不就是直接往脸上招呼就完事了吗？还真不是这样。面对这个白乎乎的东西，一些女性难免会有点手足无措。身边很多朋友应该都遇到过这个问题，明明大家都是涂一样的防晒，为啥就我一个晒黑了？

首先我们要了解清楚以下几个问题：

1. 防晒防的是什么？

简单说，就是我们常说的防紫外线。紫外线的分类有 UVA、UVB、UVC。其中 UVA 是可以穿透一切的，破坏弹性纤维和胶原蛋白纤维，将皮肤晒黑，是将我们晒黑的罪魁祸首！

UVB 紫外线对人体具有红斑作用，能促进体内矿物质代谢和维生素 D 的形成，但长期或过量照射会令皮肤晒红，并引起红肿、水泡、脱皮等症状。

2. 物理防晒与化学防晒有什么区别？

物理性防晒：通过物理原理将紫外线反射出去。主要含有二氧化钛、氧化锌。纯物理防晒安全、不刺激，比较适合敏感肌肤。但一般质地会稍显厚重、滋润，有的还会泛白。

化学性防晒：将吸收的紫外线的能量以热的形式散发出去。一般质地比较水润、轻薄。

3.SPF 与 PA 是什么？

SPF 指的是防晒系数，也就是防止皮肤晒伤、晒红的时间，SPF 的指数越高，防护的时间就越长。防晒时间 =SPF(数值 15,30,50…)×10。一般来说，日常选择 SPF15~30 就足够了，长时间的户外运动就选择 SPF50。

PA 是皮肤防晒黑、老化的指数，阻挡的是 UVA（长波黑斑效应紫外线，可到达真皮层，是皮肤老化的元凶）。PA+，一般防护，约 4 小时；PA++，较强防护，约 8 小时；PA+++，超强防护，约 12 小时。

4. 敏感肌肤怎么防晒？

如果你是敏感皮肤、痤疮皮肤、皮炎以及其他问题，那么非常需要防晒。但是这里的防晒并不仅指防晒霜。稳妥起见，我还是建议用物理防晒法，比如防晒伞、口罩、帽子、墨镜等。

5. 全身都要涂吗？

大家都知道防晒霜要抹在脸上。但其实到了夏天，身上的皮肤也要见人了哦！背心、短裤一穿，全身大面积露肤，瑕疵无遮无挡，更何况没了衣物的保护，外界对皮肤的伤害也多了好多。建议不想当梅花鹿的话，露在衣服外面的皮肤都好好涂一层吧！

6. 防晒霜是在护肤的哪个步骤？

先做基础护肤：化妆水、乳液、面霜，这些护肤品要接触到皮肤才能发挥最大功能，接下来就是防晒霜；

最后再进行彩妆：隔离（妆前乳、隔离霜、化妆下地）、粉底等。

7. 防晒霜容易搓泥？

大家可能都有过这样的经历，好不容易完成所有护肤步骤，结果最后在涂防晒霜的时候搓泥了，只好洗脸重来。遇到这种情况，那就换一款防晒霜试试。

当然，除了直接换防晒霜，还有两个不浪费钱的做法：

A. 抹上防晒霜后，等它完全干燥了再轻轻地上粉底，别可劲儿搓；

B. 化完妆保护好你的脸，尽量别擦到。

8. 防晒霜要卸吗？

当然，必须的。

一些防晒霜中油脂太重，会加重皮肤负担，促使痘痘出现。此外，如果防晒霜的透气性不好，还可能让汗腺导管发炎，皮肤长出一个个小疙瘩。

所以，涂了防晒霜后清洁皮肤就非常重要。

小贴士

要想知道脸是不是洗干净了，可以在洗完脸后对着镜子观察，水会在我们皮肤上形成一层膜，如果不明显，那就是洗干净了；要是在皮肤上凝结成一颗颗水珠，得了，再多洗几次吧。

甜美的女人不吃糖

明媚的阳光照在她白皙的脸庞上，细碎的发丝随风舞动，嘴角漾出甜蜜的微笑，宛若森林中雀跃的小鹿……

几乎每个女人都有过或者正值这样甜美的青春年华。这样的少女时光是迷人的，她属于任何季节。新鲜，优雅，雀跃，五彩斑斓，自有一股甜美的芬芳。

少女时光多数是甜蜜的，没有察觉到生活的苦，唯有味觉上的"苦"才让自己感觉离"成熟"又进了一步。因此大学时期，我曾疯狂地迷恋黑巧克力和黑咖啡，杜绝加奶加糖。当离开单纯的校园生活之后，工作生活中都需要不断地付出热情与精力。慢慢地，满血复活的 buff 也逐渐消失，需要不断去汲取外界的能量，才能冲淡生活中的"苦"。就这样，越来越多的女人慢慢爱上了"甜"。

似乎"甜"有种魔力，能够让我们在很颓废、很沮丧的时候，暂时忘却烦恼，获得一丢丢的幸福感，虽然渺小，却令人满足。但实际上，这种味觉上的甜却是使我们丢失少女期"外貌甜美"的罪魁祸首。

为什么这么说呢？

1. 长胖的元凶

糖对人体的伤害，早前一直不被人知晓。当大量的糖进入身体，会马上让你的血糖升高，血糖一旦飙高，便会生成胰岛素，促进脂肪的合成。因为血糖上升快，你很快觉得饱了，之后又很快觉得饿了，觉得疲倦沮丧，又开始怀念糖，形成恶性循环。

而且吃糖过多，甜能生湿，皮肤便会以痘痘的形式来抗议。过多的甜腻，让脾胃无法运化。无法代谢出去的垃圾，便会堆积成肥胖，促生痰湿。

因此，很多人在不吃糖之后，皮肤变好，体重减轻。

2. 情绪和认知功能受到严重影响

糖里面的葡萄糖成分，会影响我们的情绪。如果摄入的葡萄糖忽高忽低，人的精力就会一会儿旺盛一会儿低迷。

这跟我们喝奶茶一样的道理，两天不喝就打不起精神，躁郁，无法工作，只能靠奶茶来拯救自己。喝一口奶茶，感觉人生开了挂般亢奋。这也就是人们常说的"吃甜食会让人心情变好"背后的真相。

到底怎么戒糖呢？

糖与蛋白质、脂肪一样，都是人体必需的能源物质，其主要功能是供给能量，人体所需能量的 70% 以上是由糖氧化分解供应的。

所以，不能一刀切地戒糖，我们可以从生活方式入手：

- 多喝白开水，少喝饮料；
- 不吃添加糖，尤其是人工合成的；
- 少吃精制米面，多吃粗杂粮维持血糖的稳定尽量吃天然食物。如果选择加工食品，尽量选择糖分低的；
- 减少来自食物的 AGEs 摄取；
- 多吃抗氧化的食物，多吃新鲜蔬菜水果；
- 保持运动习惯，加速代谢；

● 做好防晒。

具体来看看：

添加糖。添加糖，顾名思义，就是眼睁睁看着把糖放进去，然后被你吃掉的那些糖，也就是人工添加进去的糖。这是戒糖最主要的任务。

去逛超市，您可以拿起配料表，一定会让自己惊呆，添加糖真的无处不添加，添加大户包括：

● 快乐肥宅水，碳酸饮料

● 奶茶，全冰全糖才能上天堂的奶茶

● 过甜的酸奶（酸奶的糖分真的忽高忽低）

● 水果罐头（糖水泡的）

● 巧克力

● 蜜饯

● 奶油蛋糕，甜甜圈，各种甜品，冰激凌

● 速溶咖啡

● 辣条

● 牛肉干

● 加工果干

● 番茄酱

● 加糖的豆浆、咖啡

● 果冻

● 红烧肉

● 鱼香肉丝

● 西红柿炒鸡蛋

配料表不说谎，而且是按照添加的比例来展示的，比例越大的越排在前面，看看配料表，如果白砂糖排在第一位、第二位的，绝对是含糖大户。

关于戒糖，我们可以从少添加糖开始，就会有肉眼可见的改变。改善之后，才能坚定继续下去的信心。要知道，这个世界上所有的天然食物并不是为我们的口味来设计的。各种美味的东西，只是满足了甚至麻木了味蕾，并不是为身体真实的需求设计的。也许它折射的，是我们每个人生阶段不同的心态。

就好像，年少时着迷于黑白灰，长大了却觉得粉色好看到炸裂；年少时想着快快长大，长大了却开始害怕年岁的增长；又比如从前爱苦，如今嗜甜。

不同的境遇中，我们的选择映射的都是成长的状态。不管怎么样，这些不同的状态，没有对错、好坏之分。如果实在忍不住，做个适当嗜甜的中年少女，也不用害怕。把握好一个度，才能快乐地度过每一天。

三类肌肤的粗大毛孔解决方案

听说向往大海的人，内心都住着个小女孩，永远不会老。想象一下，夕阳西下之时，听着温柔的海浪声，指尖触碰到冰凉的海水，便能感觉到身体里充满了活力因子。

几乎每个女人都会悉心保护着心里的那个小女孩，总是不愿意承认岁月对她的侵蚀。但现实总是不留情的。朋友告诉我，度假归来后，她整理了旅行途中在海边的照片，本来心情是愉悦的。可是，和前几年的自己一对比，发现真的变老了。高清镜头下，脸上岁月的痕迹愈发明显，妆容也盖不住痘印瑕疵，皮肤很是粗糙。

满满的，都是一个个清晰可见的毛孔。

怪不得大家总爱说，没事别乱翻旧相册，岁月的痕迹都写在里面呢。

女人便是这样可爱，嘴上说着不认老，私下却暗暗用力，于是便开启了护肤的疯狂模式，今天喝一个胶原蛋白饮料，明天要往脸上拍点玻尿酸。但毛孔却并不如我们预期的那样变好。

想要少花点冤枉钱，早一点出效果，我们就不得不对毛孔问题有一个清晰的认识。首先我们常说的"毛孔"，是指毛囊的开口，毛囊侧面挂着的皮脂腺生产出皮脂，顺着毛发出口方向平铺到皮肤表面，起到保护滋润的作用，油脂和汗液不是一个出口。毛孔为什么引得大家如此大的关注？因为难看！

可以"插秧"的毛孔，无论用什么产品它自岿然不动，即使去了黑头，原来的"洞"还在，让人抓狂。再加上很多女性朋友的坏习惯，比如见到黑头就忍不住挤；白天油光满面，晚上随便洗个脸就了事；不注意防晒……

久而久之，脸上的毛孔越来越大，不用放大镜也能看到了。

什么叫毛孔粗大？

怎么判断自己是不是毛孔粗大？您可以找一面镜子仔细观察一下，毛孔粗大通常出现在鼻尖、鼻翼两侧、鼻周、双颊、额头等位置。

表面看上去，毛孔呈张开的状态，孔孔可见，虽然触摸起来并没有特别明显的凹陷，但看上去也像地雷密集轰炸过的饱经沧桑的大地。这种情况，就算毛孔粗大了。

为什么毛孔粗大的是你呢？

1. 没法改变的基因

基因决定了肤质，越油的皮肤，越容易毛孔粗大。

越油的皮肤，皮脂腺分泌越旺盛，总有油脂源源不断通过毛孔输送。时间久了，油脂容易堵在毛孔内部，形成粉刺（甚至痘痘）。久而久之，就会把毛孔越撑越大。

应对措施：像这种毛孔粗大的原因主要是出油多和结构"松"，那么在预防时，可以针对性地去控油、抗炎、抗衰老，功效类的产品都要注意耐受问题。

控油可以选择 A 醇类或者烟酰胺产品，还可以用一点水杨酸疏通堵塞的毛囊口。

抗炎可以选择舒缓修复类或者调节皮肤菌群的产品，也可以用一些VC类的来抗氧化。

预防衰老，大家都懂的，做好防晒工作。

2. 不恰当的护肤行为

抠、挤、挠、挑、刺、排粉刺，无论是哪种，对皮肤都存在机械刺激，不仅可能造成皮肤创面甚至感染，而且还会造成毛孔粗大。

而撕拉鼻膜，除了"拉"走一部分粉刺，还要"拉"走皮肤表面的角质，导致角质层变薄，毛孔也就越来越明显了。

应对措施：管住手，别折腾，少毁脸，这才是关键。

3. 不同年龄，毛孔粗大各不同

毛孔粗大的罪魁祸首是堆积在毛囊里、会膨胀毛孔的过剩皮脂，如不及时处理，随着年龄增长，毛孔会越来越粗。

但不同年龄段，毛孔粗大的主要原因不尽相同，应对方法也有所差别。

20 岁左右

20 多岁正是油脂分泌的高峰期。油脂分泌旺盛造成的阻塞，令皮肤新陈代谢不顺利，无法如期脱落，致使毛孔扩大，特别是油性肌肤的人更要注意。

应对措施：控油和彻底清洁皮肤非常重要。每天认真做好清洁工作。特别是化妆的女性一定要彻底卸妆，并定期去除面部角质，在保养品中加上一些收敛控油成分，即可预防改善。

油性肌肤的人还可以在洗脸时，在清水中滴入几滴柠檬汁，除可收敛毛孔外，还能减少粉刺和面疱的产生。

30 岁左右

到了 30 岁，皮肤开始松弛和老化，皮肤的弹性大不如从前，毛孔粗大伴随着老化现象出现。

应对措施：此时护肤的关键在于加强保湿以恢复肌肤弹性，毛孔粗大的老化现象才能得以改善。定期去角质、加强皮肤的清洁、去除过剩油脂，尽量多补充水分，防止皮肤干燥。提升保湿度与角质层抵抗力，让肌肤饱满有弹性，并使之得到彻底休息都很重要。

40 岁左右

一方面，因为压力或内分泌等原因造成的毛孔堵塞等问题还在困扰肌肤；另一方面，初期老化开始令毛孔出现扩张。

应对措施：此时控制肌肤衰老速度显得尤为重要。

尽量调节皮脂的分泌量至正常状态，使用高营养滋润成分，同时兼具收紧面部松弛肌肤作用的护肤品是比较有效的方法。

当然，对付毛孔粗大问题，最重要的是采用正确的护理方法和养成良好的生活习惯。彻底清洁皮肤、保持良好的心情、享受充分的睡眠，做个"细致"美女并不是难题。

小贴士

教大家几个快速收敛毛孔的小方法，在上妆之前可以试一下，尤其是要参加一些重要聚会，但是皮肤状态又不太好的情况下，下面这几种方法效果是非常管用的。

清晨——冰镇毛孔

热胀冷缩的原理不但让毛孔立刻缩小，还令肌肤表面的温度迅速降下来，抑制出油现象。

1. 将冰块用毛巾包裹起来，并将多余部分拧紧。

2. 敷在脸上至少 1 分钟。

即使冰镇过的毛孔，洗脸后也要使用爽肤水，这样才能有效改善毛孔粗大的情况。

绿茶茶包收紧毛孔

1. 将泡开后的绿茶放凉待用。

2. 用手指蘸取茶水轻拍毛孔粗大的区域。

如果有条件"奢侈"一把，你可以将绿茶直接冲泡在脸盆里，放凉后用绿茶水直接洗脸，紧致毛孔的作用会更加明显。

DIY 紧肤爽肤水

1. 将芹菜、油菜、柠檬、橙子 4 种蔬果榨成汁。

2. 用纱布包裹住榨出的菜渣，轻轻揉搓面部。

建议一次性榨取大量菜渣，分别密封保存在冰箱里，能提供一周的DIY 紧肤享受了。

"不洗脸"是最好的护肤方式

有一次朋友阑尾炎手术住院，在医院躺了一个礼拜，每日清粥淡菜，也无时间好好洗漱护肤，更别提化妆了。我们几个好友约了一同去探望她，原本做好了见到一个蓬头垢面的女子的心理准备，没想到她竟然光彩动人，皮肤也比往日更细腻光泽，以前还生几个痘痘，这次也干干净净，痘痘不见踪影。

朋友总结经验，其实秘诀无他，就是不洗脸。

她这说法，其实也有明星说过，比如东方卫视《妈妈咪呀》的张柏芝，就曾在节目里称不洗脸能够保持好皮肤，还说自己不用工作时，能保持"一个星期不洗脸"，着实让大家吃了一惊，而她这个说法也得到很多演员同行的认可。她们一致认为睡觉醒来，脸部会有一层天然的油脂，可以很好地保养肌肤。不仅明星们爱爆料说不洗脸能护肤，网络上也有很多传不洗脸皮肤好的说法。

那不洗脸的护肤方法到底靠不靠谱呢？

首先，我们需要清楚一件事，不洗脸护肤指的是精简护肤流程，本质上是给我们的皮肤减负，尤其是当你的皮肤被护肤品刺激、角质层受损的情况下，"不洗脸"护肤法非常有利于皮肤的自我修复。

尤其是，现在人们生活越来越好，既然"不差钱"，那就想变美变年轻，女性朋友对于这方面的重视，可以说已经到了走火入魔的地步。

每天晚上七八道工序，每天早上十几套工序，仿佛步骤越多，保养效果会越好。

要知道皮肤的吸收能力是有一定限度的，超负荷会让皮肤接近窒息状态，营养过剩、保护过度阻碍肌肤正常代谢，让肌肤逐渐丧失了最基本的抵抗力，最后伤害肌肤。我们的肌肤仿佛陷入了一个紊乱的黑洞，于是自乱阵脚，出现了"越护肤越烂脸"的情况，而像我前面提到的那位朋友，住院后被动减少护肤程序后，皮肤反而变好了。这些都在提醒我们，该给自己的皮肤减负了。

我们的皮肤，就像地球上的一层"绿色植被"，如果这一层消耗太多，皮肤也会出现水土流失，表现为干燥、紧绷、刺痛、不适、潮红、严重的时候还会出现"沙化"，也就是脱屑。如果您出现温差大容易脸红、运动后潮红的脸无法消退、过去能使用的那些产品不再能耐受、各种"过敏原"检测显示"过敏"这些现象，就说明您的皮肤屏障受损了。

而导致这些现象的，可能恰恰是您花费重金购买过来的形形色色的护肤品，过多的营养物质不但不能被肌肤吸收，还会给皮肤的新陈代谢造成负担，引起毛孔粗大、色斑、肤色晦暗以及过敏性皮炎等。

很多聪明的爱美女性已经开始进入"肌轻食"时代，就是少用、不用护肤品，给肌肤放个假、减减负。

如何给我们的皮肤减负呢？大家可以从下面几个方面入手：

1. 适度洁肤

很多人错误地认为面部的油脂必须彻底清洁掉，以为这种行为能控油，以至于早晚使用去污脱脂能力特别强的洗面奶＋配合卸妆产品深度清洁＋使用各种洁肤神器。这些行为很可能让我们"皮肤植被"严重消耗，从而损伤屏障功能。

2. 定期去角质

频繁的去角质去黑头，这些行为都有可能让我们"皮肤植被"中的"死皮"（也就是角质层）被提前过多剥脱，进而损伤屏障功能。不同肌肤类型，去角质的频率也不同。油性肌肤每个星期去角质一次，中性肌肤每半个月一次，干性肌肤每个月一次，敏感性肌肤是不能去角质的。

3. 正确地使用面膜

有不少护肤狂人会每天使用面膜，这种行为对皮肤屏障非常有害。长时间使用保湿面膜就如同让你的皮肤浸泡在水里一样，皮肤会发生生理改变。

皮肤最外层的结构——角质层会被浸泡变得肿胀，此时看上去你的皮肤水光滑嫩，但是也带来一个问题：角质层会很容易剥脱下来，最后你会感觉到，皮肤越来越脆弱、越来越锁不住水，必须不断使用保湿面膜来缓解，形成恶性循环，最终损伤皮肤屏障。

4. 选择安全的护肤品

稍微有些肌肤红肿不适就自己 DIY 买药，使用含有皮质激素类的产品进行涂涂抹抹，这样不规范地使用激素，对皮肤屏障功能会有很大的摧毁作用，最后导致皮肤敏感。

最后，有几点大家需要注意：

1."不洗脸护肤法"不是完全不洗，可以用清水略洗。

2.适合敏感、受损肌肤，尤其是过度护肤的人群。

3.对油性、有痘皮肤，没有必要完全采用，不注意清洁的话会导致痘痘更严重。

别在抗衰老的途中迷路

失去"少女感"，是女人最大的焦虑。

现在的舆论风向使"少女感"审美成了主流，目之所及，所有的广告、电视剧似乎都在向观众传输着这样一个理念：要逆转时间，要不留痕迹，要永远年轻。

而电影、电视剧中女主演们都青春靓丽，广告中的代言人也都少女感十足。

在这样的认知下，女人逐渐被打上"不能老"的标签。"天山童姥""冻龄女神"算是一种至高的褒奖，而女星那些有皱纹的眼角、发福的身材都会被媒体无限放大，被指责、被批判，仿佛女人衰老成了不可饶恕的罪过。

在大家眼里，女人的美，就只有18岁到25岁，永远饱满、紧致、水灵。这让作为普通女性的我们，每一日都胆战心惊，不敢面对镜子里面日益下垂的苹果肌和渐渐凸显的眼角纹、法令纹，抗衰老几乎成了全国女人的头号大事。

女人有多怕老，你去看看大街小巷铺天盖地的医美广告就知道了。玻尿酸、水光针、光子嫩肤、超声刀、面部线雕、面部提拉等各种抗衰老项目五花八门。为了保持自己容颜不老，平时划破手指头都会疼得掉眼泪的女人，可以忍受千刀万剐的痛苦。

相比之下，男人似乎更容易接受自己从容老去的事实。

有人说，成年后，我们所回忆的青春，都是经过美化的青春。其实，人们所强调的那些“少女感”，也都是经过美图软件美化过了的少女时代。

回望18岁的自己，真的就比现在的自己更美更动人吗？

少女时代，大部分人脸上是掩饰不住的冷漠、迷茫、疲倦与无知。

少女时代，因为敏感而容易自卑，什么都想对抗，而实际上，什么都对抗不了。

18岁，写在纸上特别美好，但在现实生活里，却不堪回首。成年人经常会想，如果重新回到18岁，我会如何如何。说真的，就算重回18岁，你还是一样，你能怎么办呢？除了年轻，什么都没有。我们在最好的年纪什么都没有，因为那只是一个青涩的年华。

而现在有些女性，为了追求那个青涩空洞的“少女感”，付出了极重的代价。

忍受各种医美项目所带来的生理上的痛苦，忍受日复一日的修女般严苛的护肤程序，忍受单调枯燥乃至乏味的食物，就为了抓住转瞬即逝的“年轻”。而这个“年轻”，却恰恰是别人定义的“美”。

有时看到40多岁的女人，穿着蓬蓬裙、言语间故作娇嗔、噘着嘴瞪着眼发自拍，打着满脸的玻尿酸，去跟十几二十岁的少女争风头，要是某天被人夸赞像少女就喜不自禁，其实挺可怜的。

扮演不属于自己年龄段的美，是一件很辛苦的事，更是一件愚蠢的事。

现代的女性日日高喊着要独立，要维权，要提高社会地位，但思想却一直停留在几十年甚至几百年前，依旧摆脱不了以色相取悦人的思维。

这不得不说是一种悲哀。

其实，从女孩到大妈之间，有一段叫作女人的时间，恰恰被人忽略了。那是女人最宝贵，也是最美好的时候。她们也许比不过少女的胶原蛋白满满的皮肤，但是时间和阅历赋予了她们从容、自信和优雅。这个时候的女人，有自己的主见，不被外界随意影响，有足够的能力和强大的内心掌控自己的生活。这样的女人，是非常成熟的女人。

成熟是什么呢？成熟是由青色变为红色，是绚丽之后的平静，是盛开之后的内敛。如果一个女人早已不再是花容月貌，而依然有人夸赞她美丽，那她一定是拥有成熟美。

成熟的女人，就像醇厚的秋色。虽枯萎了绿的生命，却染红了枫的相思。在玉露为魂、寒霜为骨的光阴里，绽放着秋日的美丽。

成熟的女人，面对喧嚣的世界，不会感到无措；面对浮华的社会，有着一份超然的淡泊。她会潇洒地面对欲来的风雨，坚定地面对困境。

成熟女人不一定漂亮，没有喷薄而出的青春气息，但她们身上绝对有一种属于自己的味道，毕竟天生丽质的女人只是少数，而后天的气质却是可以塑造和培养的。漂亮的女人让人眼前一亮，有独特气质的女人则令人回味无穷。

这样的女人，是真正的新时代女性，在她们眼里，事业和自我价值的实现才是生活的重心。她们不着急结婚生子，懂得享受亲情、友情、爱情，不会赶着时间做违背自己心愿的事，更不会急着给人生"交卷"。她们对待生活和感情的态度不卑不亢，永远都做自己命运的主人。

这样的美，幼稚怯懦的男人无法欣赏，甚至会害怕这种美。

但你会因此而否定，这份成熟女性的美吗？

当我们用男人的眼光来裁剪自己，将生活的梦想构筑在别人身上，把婚姻和家庭变成自己生活中的一切时，时间会成为最令女人惧怕的敌人。因为命运不再被自己掌控，这才是怕老的根源。

比衰老更可怕的，其实是装年轻，因为你除了那点即将凋谢的颓败美，一无是处。这才是女性真正的悲哀。

容颜，终将老去，而成熟雅致，才是岁月留给女人的礼物。

亲爱的，千万别在抗衰老的途中迷了路呀。

Part2
穿着篇

穿得无可挑剔，人们才会记住衣服里的女人

服装更多时候并不只是服装，它是你的语言，你的想法，你的心情。你可以赋予它情绪和生命力。

　　如何通过穿衣打扮凸显自己的优点，如何巧妙地遮掩自己身型缺陷，如何通过细节装饰化腐朽为神奇？本章节试着从女性日常穿搭中最容易出错的几个领域入手，通过讲述服装风格和色系、性感秘诀、高跟鞋、香水、礼服、内衣、耳环配饰等最实用的法则，展开一场跟女性的秘密约会。

会穿衣的女人从不依赖颜值

一个连自己"形象"都维护不好的人，是没有权利要求别人必须透过你邋遢的外表，去发现你优秀的内在的。

而这个形象，真的不仅仅只是一张五官好看的脸而已。曾有人在网上发帖问：

"一个人颜值 9 分，衣品 1 分，另一个人颜值 1 分，衣品 9 分，你会选择跟哪个做朋友？"

答案两种都有，但大多数的人，尤其是 25 岁以上的人更愿意选择和后一种人做朋友，为什么？因为一个人的衣品可以透露其精神面貌、价值观和生活态度，所以人们当然更愿意跟这三方面都很积极正面的人做朋友了。

而且，穿对衣服就等于迷人这件事，是一个亘古不变的真理。我曾在法国街头闲逛，发现一个很有趣的现象：大部分的法国女人慵懒随性，不用看脸，一个举手投足就尽显优雅，自带仙气儿。"给我一瓶酒，再给我一支烟"这唱就是法国女人。没错，你看不到她们打理得一丝不苟的头发，慵懒得如同刚刚睡醒的波斯猫。

而她们的穿着，无一例外，都是非常合体且适合自己体貌个性的。

看一个人注不注重生活品质，对自己有没有高要求，从她的衣品一目了然。

如何获得这种"穿衣不看脸"的本领，这里有几条原则，大家可以参考一下：

1. 宁买精品不买次品

有品质的衣服版型出众、上身效果好又不易过时，能穿很多年，即使有一天你的女儿拿起来套在身上，依旧美丽动人。

需要一些质感和剪裁都上乘的衣服支撑，才能更体面优雅，而这些在精不在多。

2. 找到属于自己的风格

"潮流易变，风格永存"，每个人在这世上都是独一无二的，都有属于自己的风格，将它找出来，匹配上最适合你风格的服饰，你就能散发专属你的美。

而且，衣服穿得好不好看，跟高矮胖瘦和长相的关系不大，最大的问题可能是你没有找准自己的风格！只要找对了风格，每个人都能把衣服穿出高级感。

从穿衣风格上来说，你首先要知道自己是"曲线型"还是"直线型"。

一般"曲线型"的人看起来比较圆润，身体和面部的线条整体感觉是曲线、柔和的。她们可以是性感女郎、羞涩的少女或者是优雅的熟女，大波浪、荷叶边、蕾丝这些用在她们身上一点也不为过。

而"直线型"的人相对而言身材与面部的线条会比较硬朗、平直，给人干净利落、十分直接的感觉，有的甚至很犀利。在穿着上比较适合版型、剪裁、边缘线呈相对直线和直角的状态，面料比较挺实、硬朗，图案呈直线条状态或比较锋利。

所以我们在寻找个人风格的时候，一定要确定自己是"曲线型"还是"直线型"。

3. 扬长避短

有人经常会问我，怎么穿才能显高、显瘦、显白呢？怎么穿可以跟旁边这位女孩一样美呢，你看人家多苗条！我会很直接地告诉对方，很抱歉，我也没办法让你穿出来就跟你旁边这位一样苗条，但是我可以很肯定地告诉你，你可以比她更美，可能你的脸蛋比她漂亮，或者你的笑容比她灿烂。你只需要穿适合你自己的颜色和款式，表现你的阳光和亲切，就已经很美了。

其实这就是我要强调的，人无完人，你或许觉得自己个子不够高，或者觉得自己微胖、腿短、腰粗、不够丰满等，找出你的痛点来，然后对症下药，比如：

矮个子可穿高腰款，腿短者可穿高跟鞋配超短裤或短裙，腰粗者可穿 A 字款，不够丰满者可穿前襟有点缀款。

穿衣就是让我们放大自己的优点，当它足够耀目时，你的那些缺陷，其实也成了一种美。

4. 化繁为简

要穿得优雅得体，首先应懂得"少即是多"的穿衣法则。

年轻时我们也许喜欢将各种艳丽的色彩和各种古怪的款式都穿一穿，以加强自己的存在感，但深谙穿衣之道的女人不会这样做，她们会选择简约而不失设计感的款型，在颜色上也注意不要一身超过三种颜色，如此，反而能凸显衣服的材质和品位，穿出一种凝练又时尚的美。

5. 性感而不失高贵

女人的曼妙身姿是展现女性美的重要途径，应该尽量展现出来，但性感不等于暴露，性感应该是高雅的，而过于暴露一不小心就成了低俗。

修身或者局部裸露的款型都能把女性的性感展示出来，且视觉上看又很高雅。要知道，我们的性感程度体现在穿搭上，就是"女性化元素"的多少。

大家可以把"V领、细跟、露肤、紧身、鲜艳颜色"这些常用的性感元素做个统计。一身搭配里性感元素出现得越多，证明性感程度越高，也就越容易出现"轻佻"的风险，适当的选择几样即可。

6. 与场合相配

会穿衣的女人都很懂得视场合来穿，因而能在各种场合中所向披靡、令人难忘，又不会给人哗众取宠之感。在同学聚会、家庭聚餐、年会、活动，这些需要额外注意和筹划的场合，千万记得：Don't try too hard!

别为了争奇斗艳就把自己捣腾得太过了！最后很可能被自己的用力过猛反噬哦。

7. 得体

人这一生，得体比什么都重要。得体，意味着你的言行举止、衣装打扮都让人感觉舒服、养眼，如沐春风，也意味着你自尊自爱又尊重他人，而且心态好，这样的人，当然能给人留下极好的印象。

别小看一件衣服，因为衣服在诉说你的生活故事。

8. 有细节

有句名言叫"细节决定成败"，这话用在穿衣打扮上也同样合适，一件衣服的细节决定能否让你百穿不厌。

如果一件衣服的细节充满了巧思，那么无论它的款型多简约都值得拥有。

9. 适当搭配小配饰

配饰用得巧妙，能提升你的气质观感和吸睛度，比如黑裙搭配珍珠项链、低胸装搭配一条小丝巾、纯色系衣服搭配一枚亮色的胸针等等。

最后，我想说的是，穿对衣服的智慧，并不是你参照着某个时尚博主或者杂志上的一二三四法则，它更多的是源自我们对自我的认知和肯定，而这个，恰恰是最难也最珍贵的。

自我这个东西，不会自动显现的。它需要你去尝试做一些事情，去碰壁，然后再弹回来，最后舍弃一些，你才会发现真正的自我是什么。

其实把普通的人生过得从容、快乐，是非常了不起的事。你能穿对衣服爱对人，就是一种了不起的才华。因为女人的路并不好走。幸福女人更是在每一次眼花缭乱的际遇和选择中，倾注了更多的才华和勇气，才有了今天的不惊不惧，举重若轻。

小露香肩，也能大展风情

在罗马假日中，奥黛丽·赫本扮演的安妮公主就穿了一字肩的礼服，再配上一条闪亮亮的项链，不难理解男主乔·布莱德里为何对她如此痴迷。

配合着艳阳，风情的露肤装都已虚位以待，但是夏日的轻薄穿搭，总是容易暴露身材上的一些缺点。而且很有可能我们一不小心弄巧成拙，把性感演绎成了不安分，把高雅穿成了低俗。有时候，艺术和庸俗之间，可能真的只隔了几厘米的距离。

究竟穿什么才能含蓄藏肉又能看起来更美呢？夏日心机代表露肩装，或许可以尝试一下。但好看的露肩装，穿起来其实大有讲究，不同的肩型，适合的款式完全不一样。我们首先得清楚自己属于哪一种肩型。

肩型一般分为平肩、宽肩、窄肩、溜肩四种。

平肩：属于完美的肩型，天生衣架子。

宽肩：两侧肩点大于臀围，倒三角型的身材。

窄肩：两侧肩点小于臀围。

找准自己的肩型，才能穿出一个最时髦的你。

一字露肩装

一字型的露肩装是夏天我们常见到的款式，它完全可以将女性性感的锁骨和肩部彰显出来，所以相对的，它也会把缺点暴露出来，所以对肩的要求很高。

一字露肩装最不适合的就是溜肩，会让人一眼就知道是溜肩，驾驭衣服的气场就会减弱。其次不怎么适合宽肩，因为会让整体显的更加横向拉长，显得更宽。

最适合窄肩的人，突出骨感的美。

不适合：溜肩、宽肩。

最适合：窄肩。

V字露肩装

宽肩的女性如果很想穿露肩装的话，也不是没有办法哦，可以将一字领变形，成为V字领，让肩膀和领口呈现V形，在视觉上就会有延伸的作用。

V字领还会显脖子长，肩膀两侧越宽，V字领的面积就要越小呢。

不适合：无 。

最适合：宽肩、短脖子。

斜肩露肩装

斜肩的露肩装款式也是今夏的一大流行趋势，一半露出来一半遮挡住的方式总给人更多的神秘感。斜肩装完全是宽肩和斜肩的福音，通过一半遮住一半外露的方法巧妙转移大家的视线，减少肩膀的整体宽度，完美地躲开溜肩的即视感。反而对窄肩的女孩子比较苛刻，显得更窄了。

不适合：窄肩。

最适合：宽肩、短脖子。

挖空式露肩装

　　时髦程度完全不低于上面几种款式，会给人感觉更有动感和更别致。挖空装要根据肩型来决定露肤的大小。像特别窄的窄肩，挖的洞要够大，因为越挖得大，肩会显得越宽。相反，露肤的面积少会显得肩不那么宽，还能恰到好处的起到削弱的作用。

　　不适合：短脖子。

　　大挖肩最适合：窄肩。

　　细长小挖肩最适合：宽肩。

　　了解肩膀形状和基本款型适合种类后，我们就可以根据具体情况再进行选择了。比如手臂微胖，可以选择袖口有设计感的露肩装。既能露出最纤细的肩部骨骼，又能遮盖住手部的赘肉，一举两得。

　　都说女人的美，是三分容貌，七分仪态。

　　举手投足间的赏心悦目，言谈举止的大方得体，眼角眉梢的清风霁月，这些仪态衬托出来的容貌，更加悠久绵长，让人回味无穷。爱美的女人玩起高级性感从来都是游刃有余，小露香肩，便可以大展风情！

小贴士

教大家训练一字肩的好方法，坚持每天练习，会有意想不到的收获哦。

1.双手放在背后，合十往上抬，尽力抬到自己所能抬到的最高位置，这样子做 3 组，每组要做够 30 次，虽然辛苦，但是为了完美的一字肩，忍忍吧！

2.把胳膊伸直，在脖子背后贴起来，直到感受到肩部的肌肉被拉伸，坚持大约半分钟到 1 分钟，做够 5 组。

3.把左手伸到背后，扣住自己的腰，注意要使一点劲，右手按住头，往右面按压，按压 5 组，每组按压 30 次。

4.没必要把每个动作都一口气做完，可以按照 123 的顺序先做一遍，然后休息一下，再做下一组。根据自己的实际情况调整自己的运动量，如果觉得脖子太酸痛的话，可以适当调整组数，在刚开始做的时候，最好先对着镜子做，保证自己的每个动作都做规范了，等到熟练以后就可以自己做了。

女人的礼服，如同战衣

也许每个女人都梦想过，能拥有这样一个灵魂大衣柜：这里的每件衣服都陪伴你走过人生的各个重要场合。从毕业典礼到婚礼，各种盛大的仪式，穿着最美的礼服走过，自带聚光灯，成为全场的焦点。不管人生的表象是爬满虱子的长袍，还是布满荆棘的锦缎，华美而合体的礼服永远是女人最强大的战袍，最亲密的朋友。它能伴随我们对抗人生各种暴击，也能共享小确幸和大繁华。

这是一件礼服所能给予女人的全部幻想。

它是琐碎里的仪式感，是黯淡中的光亮，是所有内心怀着梦想的女人，通往梦幻城堡的钥匙，是那一辆乘载着梦想的南瓜车，是开启另外一个世界的魔法棒，是我们发掘内心深处的自己的魔音……

总之，它是一个神奇的存在。

无论我们在日常生活中是如何地平庸，无论我们在工作中是多么微不足道，但是当我们穿上礼服的那一刻起，我相信你能听到破茧成蝶的声音。

英国浪漫主义诗人拜伦曾写道：

美人缓行如夜移，

清空无云动繁星。

在一次舞会上，拜伦邂逅了美丽的霍顿夫人。当时的霍顿夫人身着亮片礼服，在光影交织下，如水般缓缓流动。温软的色泽、流溢着美的光，把这个女人的美，映衬得欢快又生动。当年的伊人与裙子已随风而逝，而对那流光溢彩的礼服的想象，却至今仍伴随着每个爱美的女人。

作为现代女性，我们总会遇到出席正式场合的时候，比如婚宴、重要的晚会、典礼等等。如何挑选一件合适的晚礼服，将决定你表现出的气质是高贵还是草率，是美丽还是默默无闻。

你投影在他人波心的这一瞬美丽，在于我们平时点点滴滴的留心和学习中。

不同的 dress code，礼服到底应该怎么穿？

成年人的世界，不仅要好看还要有规则。好看的衣服放在合适的场合才有事半功倍的效果，否则可能会让自己陷入尴尬的窘境。为了方便大家理解，下面我就按照场合隆重的程度从高到低依次说起。

1.White Tie

White Tie 是 dress code 最隆重的级别。这是一个非常罕见的场合，平常人一生恐怕也遇不上几次。都什么时候需要穿 White Tie？皇家典礼、国宴、诺贝尔颁奖典礼。

作为最正式的级别，White Tie 在穿着上有着明确的规定，必须是傍晚 6 点以后，女性要求是正式的曳地晚礼服。已婚女性佩戴头冠，未婚女性也要把头发盘起，在《唐顿庄园》里的晚宴里可以看到相似的情景。

有些场景下女生还会佩戴长度超过肘关节的长手套，直到坐下来吃饭时才允许脱下来。在一些更隆重的场合，礼服的颜色要求是白色系，搭配华丽的珠宝与手包即可。

你的衣橱里不妨常备几款这样简洁又大方的白色礼服。在正式的场合，白色是不会出错且而足够柔和的颜色，应用的场合也相对多一些，无论是参加婚礼、派对、晚宴都很合适，而平衡隆重与否只需要搭配不同的珠宝首饰。

2.Black Tie

Black Tie 是大部分隆重场合的着装需求，比起严苛的 White Tie 它能稍微让人松下一口气。通常一些比较正式的典礼、红毯、晚宴或者舞会会被要求着装 Black Tie。女生保险起见通常还会穿曳地的长礼服，不要戴头冠，首饰包包倒是可以随意换。

这样的场合女生的礼服可以稍加一些设计感。无论是结构上做小心思还是略繁复些的细节装饰，都显得合情合理。

偶尔有一些隆重的小礼服也是可以的，Black Tie 的礼服只要不过长或者过短基本上很难出错。

3.Cocktail Attire

向前追溯的话，Cocktail dress 最早是 20 世纪 20 年代的那些富裕又时尚的家庭正式晚宴前享受茶点酒水的着装，说起这种风格最容易想到《了不起的盖茨比》里纸醉金迷的场景：奢华的宴会厅里每个人都在跳舞狂欢，缀满流苏宝石的裙子敲打着小腿。

Cocktail Attire 是我们最常见的一种 dress code，小型酒会、舞会、派对和展览、演出穿这种礼服最合适，每个女生的衣橱里都应该有一些这样的裙子去应对不同的场合。像永远经典的小黑裙也能 hold 住全场。无论是公司酒会还是大学里的小型舞会都是最不容易出错的款式。

4.Festive attire

像平安夜、圣诞节、元旦、公司年会以及好朋友们各种借口的狂欢派对，都属于 Festive attire 这一项。Festive attire 顾名思义就是符合节日氛围主题的礼服。

这种风格怎么穿？无非在平时的基础上再加份"料"。平时穿真丝，那就尝试一下blingbling的面料，平时穿简单的，那就适当地加些装饰。节日与往日不同，总归要多一些节日的氛围。

如果选择华丽的面料，礼服上就尽量不要有多余的装饰，避免廉价感。可以通过一些结构、褶裥去丰富礼服的设计，比如欧洲进口的真丝银丝波萝纹带有金属的光泽与质感，阳光下跳跃着精灵般的光芒。用细密反复的工艺打造的礼服，好过成片的珠子与亮片。耗费上百小时手工编织的礼服，一束光照在上面时会呈现出更细腻更有层次的质感。流苏的礼服随着你的步伐呈现出的灵动感，是普通礼服无法达到的效果。

你的美，要足够别致，要经得起考究。

5. 年会礼服

年会礼服首先最应该明确的是私人场合与工作场合的界限。这两种场合有着本质上的差别。虽然年会的形式是派对，但它依旧是工作场合。在工作场合穿礼服就应该避免蕾丝、亮片这种复杂、花哨的装饰。

那些精致的套装，是最不容易出错的礼服，介于礼服和职业装之间，日后也会经常穿着，实用性很高。

其次是不要为了"穿礼服"而穿礼服。就像我前面强调的，礼服在我们生活中充当怎样的角色？一是对场合的尊重，二是最大化修饰身材提升自信。所以你只需要通过这两点选择你要穿的衣服。

一件尊重、得体的衣服首先要合身。网上盘点的让人尴尬的年会造型有一半是穿了不合体的晚礼服。剪裁合身的礼服让衣服与人的关系是浑然天成的，也很容易融入自己的个人气质，一件懂你的礼服最关键的就是要先懂你的身体数据，才能在这个基础上去做出适合你的造型。

　　生活中总是需要一些光芒万丈的时刻，而那些美好的衣服，总是能在浩瀚的记忆里泛起涟漪。当你老去，打开柜子看见角落里那件做工精细、华丽的裙子，它会带你回到那段最美的时光，忆起最美的自己。

给你一双高跟鞋，全世界都在脚底下

"站在高跟鞋上，我可以看到全世界，爱情会逝去，但鞋子永远都在。"《欲望都市》里的高跟鞋狂热爱好者凯莉在说这句话的时候无比坚定，坚定得不接受任何反驳。甚至在遇到抢匪的时候，她都再三强调："什么我都可以给你，千万不要把我的鞋子拿走。"

如果说，这个世界有哪样东西最能代表女人，那应该是高跟鞋。高跟鞋对于女人来说，是高贵、自信，也是性感、成熟……

高跟鞋对于女人而言仅仅是一双鞋子而已吗？

你的行动、坐姿、谈吐，在登上那双性感的高跟鞋后，一切都会变得不一样。高跟鞋给你的骄傲，平底鞋给不了。很多女孩子在跟男生第一次约会的时候，即使习惯了穿平底鞋也忍不住换上一双高跟鞋去赴约。对于女人而言，高跟鞋就像是男人，我先征服了它，才能征服他。就连玛丽莲·梦露也说，虽然我不知道世界上是谁发明了高跟鞋，但全世界的女人都要感谢他！

然而，玫瑰虽美，奈何带刺。

这样的奈何同样令无数女人败在这双让人又爱又恨的高跟鞋上。并不是每位女性穿上高跟鞋后，都会仪态万千、立显优雅，有些反而显得畏畏缩缩，走起来一拐一拐，甚至会拖着鞋跟走……

想必很多姑娘想起高跟鞋带来的痛苦会心生共鸣，即使它为我们创造了很多美妙的瞬间，也难掩如同针毡的血与泪。

如何挑选适合自己的高跟鞋？

其实美和舒适并不矛盾，如果根据我们每个人的脚型来选高跟鞋，舒适度提升 8 个度绝对不是问题。一般来说，大家的脚型可以分成下面这三类：埃及脚、罗马脚、希腊脚。

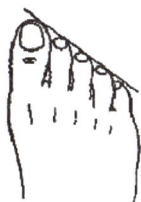 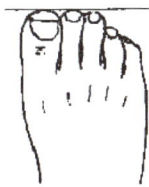 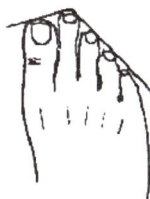

埃及脚　　　　　罗马脚　　　　　希腊脚

从脚型上就可以看出，埃及脚更加适合斜头鞋和部分圆头鞋；罗马脚更适合方头鞋；而中间脚趾较长的希腊脚和尖头鞋、杏头鞋是绝配。

斜头鞋　　圆头鞋　　方头鞋　　尖头鞋　　杏头鞋

另外，大家试穿鞋子的时候最好在下午三四点，因为一天下来身体的淋巴液会堆积在一起，这是一天中脚最肿的时候，这时候试穿到舒服的鞋子，那平时穿起来肯定不会错。

高跟鞋怎么穿？

建议新手可以先从坡跟鞋开始穿起，然后是粗跟鞋和猫跟鞋，熟练了之后再尝试细高跟。前几种大家应该都无师自通，但是细高跟要穿得又美又稳还是有点技巧的，穿的时候高跟鞋要尽量保持后跟先着地。但是在上楼时，为了稳住重心，最好脚掌先着地。

不同款式的高跟鞋

细跟：最有女人味，也最能凸显气质的。诞生至今一直是时尚届的宠儿。设计上能拉长腿部线条，是我们职场搭配最多的一款。平日饭局、派对和凹造型拍照的首选款。

适合瘦脚和脚面窄的人。脚面宽的人不太合适，硬要穿也行，就是太受罪。

粗跟：粗跟是对驾驭不了细跟的女主一个伟大的补充。我自己也超爱粗跟，穿着不累脚。

但不太适合脚踝粗的人，会让人看起来更魁梧。

坡跟：设计上厚重感强烈。它在有限的面积上能无限增高，又比细跟更舒适。

适合矮个子的人。比如有些娇小得明星，在多个场合都会选择坡跟增高鞋。

锥形跟：上宽下细，像极了日常吃的冰激凌筒。设计上极富设计感。

创意跟：比如知名的YSL跟鞋。除非你偶尔参加一个非常隆重的活动，一般情况下不建议穿，分分钟废脚的节奏。

异形跟：每一季时尚风都要添加一些新的元素。近几年各种材质的异形跟就流行起来。比如：清宫的花盆底儿，还有最近风靡的透明仿水晶材质等。

喜欢异形跟又想穿着舒适的话，最好选择触地面积大的鞋跟。否则，足弓的地方会容易酸疼。

高跟鞋怎么搭配？

高跟鞋搭配紧身裙：高跟鞋搭配紧身裙来穿，这对爱美的女孩来说早已不是什么新鲜的事情，一袭性感撩人的紧身裙和细跟高跟鞋来搭，这唯美的风格绝对会让众多女孩心动不已。尖头款式的高跟鞋最具女人味，尤其是细跟的尖头高跟鞋，性感中给人一种干练的气场，搭一条紧身裙，整体造型绝对美到惊艳。

高跟鞋搭配吊带连衣裙：除了紧身裙，高跟鞋也可以和吊带连衣裙搭配。吊带连衣裙，既有吊带的性感又不失连衣裙的甜美。在炎热的夏季街头，穿一款美丽的吊带连衣裙，再搭配一双尖头细跟高跟鞋，整体造型非常清爽干净，显得格外靓丽，给人眼前一亮的美感。

高跟鞋搭配短裙：高跟鞋搭配短裙是夏天最常见的组合，清爽的色彩搭配，仿佛为全身 LOOK 注入了甜美的少女活力。甜美的短裙上身非常可人，搭配高跟鞋可凸显笔直的双腿和纤细的身姿。一件简单的短裙配上一款时尚的尖头高跟鞋，既显得青春活力又能突显性感的一面，一举两得。

高跟鞋 + 九分裤：高跟鞋搭配一条简约大方的九分裤，两者的结合穿出了随性又洒脱的气场，显瘦又显高，如果再加上同色的鞋子和上衣相互呼应，有种协调的和谐美。

高跟鞋 + 休闲西裤：经典时尚的黑色高跟鞋，唤醒女性的优雅气质，随意切换任何场合，搭配一条时尚休闲西裤，随意、休闲又有气质，休闲西裤小脚立体版型营造出瘦身的效果，在高跟鞋的衬托下，穿出了女性从容自信的气场。

其实，每个女人的内心世界里都住着一座欲望都市，穿上高跟鞋的时候，女性从身体到灵魂都宣告着对自我的极致追求。当女人将脚伸进高跟鞋的那一刻，这双高跟鞋将会改变这个女人。高跟鞋的高度藏着一个女人的野心，当她穿着高跟鞋，大步流星地闯进更辽阔的领域，她的眼界、她的层次将与其他故步自封的女人全然不同。

耳环，一场不动声色的性感

历经亘古，跨越时空，耳环的由来有许许多多的传说，它在人们的心中始终发着光彩夺目的光芒。在过去，耳环既是辟邪之物，也是刁钻古怪的愿望，对于我们的远祖来说，追求外表装饰并不是单纯的任性要求。

俄罗斯妇女为了使士兵免中流弹也会用耳环给他们作标志。这样就产生了谚语："为了好朋友，连戴着的耳环也可以摘下来给他。"随着时间的流逝，戴耳环的许多象征意义变得模糊和混乱不清了，或者完全消失了，但它所带来的美感，却一直荡漾在每个女人心头。试想一个温婉的女子，微微一低头，露出修长的颈部，晶莹白皙的耳垂上那一抹灵动的耳环，应该是晃乱了不少人的心扉吧。

耳环的风情或温文尔雅，或婉转动人，千般仪态含情脉脉，万种柔情眸眸照人。可以说，耳饰是女性最爱的单品配饰。在所有首饰中，耳环处在人体上最明显、最重要的脸部，选一款适合自己的耳环，不但能够掩盖自己的脸部缺点，甚至能达到整容的效果。

如何根据脸型选耳环？

圆脸型

圆脸俗称"娃娃脸"，拥有这种脸型的女孩，常给人一种稚气未脱的印象，看上去要比实际年龄要小。这种脸型适合佩戴：

1. 长而下垂形状不同的耳饰，可以修饰脸型显瘦；

2. 纤细的"I"型耳坠，将脸型显得修长；

3. 尖形的耳环。

长脸型

长脸型的女孩，脸的上下宽度大致相等，给人以成熟的印象，这种脸型适合佩戴：

1. 紧贴耳朵的圆形耳环或者大的耳夹来调节脸部形象；

2. 方扇形等横向设计的耳环，增加脸部宽度，使脸部丰满动人；

3. 具有"圆润果"的耳环，比如珍珠、宝石、耳钉。

方脸型

方脸型的长度比长脸型要短，女孩这种脸型，有时会给人忠厚但是灵气不足的印象，会有棱角分明、很硬朗的感觉，适当地添加一些柔和的元素更好。这种脸型适合佩戴：

1. 纵向长于横向的弧形的长圆或圆形耳环，例如长椭圆形、弧月形、新叶形、单片花瓣型等；

2. 有耳坠的中型耳环。

鹅蛋脸

鹅蛋脸好似一个上面略大、下边略小的鸭蛋，线条柔和而分明，也是公认最匀称、完美的脸型。这种脸型的女孩不管佩戴什么样的耳环，都可以轻松驾驭。长款流苏耳饰衬托你的气质，小巧玲珑的耳钉可爱娇柔，但要避免过于夸张的耳饰。

锥子脸

锥子脸的特点就是光滑无棱角的脸型，从颧骨到下巴呈现锥形，下巴尖，这种脸型的女孩几乎适合所有的耳环。需注意还是要避免选择三角形款式的耳坠，那样会与脸部轮廓冲突，既体现不了尖脸的优点，又彰显不了品位，费力不讨好。

如何根据个人风格选耳环款式？

耳钉

耳环从小到大有很多的款式，最小的一种是耳钉。耳钉常常是小小的一颗（当然也有 size 比较大的），要根据自己的气质和脸型选择耳钉的大小。

如果本身长相比较秀气，我建议耳钉的样子也尽量小巧一些。不然就会感觉整张脸什么也看不见，就只看见大大的耳钉，很不协调。而如果本身长相比较大气，选择耳钉时可以选择大气一点的。因为小耳钉跟整个脸的比例不协调，而大耳钉会减轻脸部边缘的存在感，达到修饰脸型的效果。

耳坠

一般而言，耳坠比耳钉要大一些。耳坠的形状会影响视觉上你的脸的形状与大小。比如寡淡的耳坠会显得脸也寡淡，圆润的耳坠会显得脸也更柔和。

如果选择了一个圆形的耳坠，那么它会把你的脸型映衬得更加圆润。若选择非常有棱角的耳坠，那么戴上了之后，会让你的脸部线条看起来更加硬朗。所以要认真观察自己的脸型，然后决定耳坠的形状。脸部线条硬朗，就应尽量避免过多棱角的耳坠，柔和曲线的耳坠是最佳选择，反之亦然。

环状耳环

我本人是非常喜欢环状耳环，因为这种款式简洁又大气，会让你看起来更加时尚，也具有一点点野性。比如大纽扣似的环状耳环，配上正红的烈焰美唇，就显得性感明艳且大气磅礴，特别适合办公室白领女性，既简单又有十足的韵味。

跟这种贴面似的耳坠相反的是，可以在耳朵上随意摇摆的大耳环，它们就更加广阔而富有诗意，每一个摇曳生姿的约会夜晚，都少不了它们的身影。

但是在选择环状时，同样也是要注意它的大小。

过小的环状会让耳环的存在感很低，而过大的环状会让比例看起来不协调，粗犷有余而精致不足！

耳环上的小心机，是一场不动声色的性感，代表着美的最高境界。它于女人而言如脸上星星般的点缀，从不喧宾夺主却又精致玲珑得那么恰到好处。你，学会了吗？

看起来很高级的莫兰迪色，适合你吗？

都说法国的女人最优雅，她们有什么打扮秘诀呢？

在法国留学的朋友跟我说，在法国街头，很容易辨别当地人和游客。最简单的方式就是通过大家身上衣着的颜色。一般来说，穿得明艳的多半是外地人。法国长居的人很少将自己穿得五颜六色，而是非常简洁舒适又养眼的颜色搭配。这种风格无疑贯彻了"你真的必须很努力才看起来丝毫不费力"的宗旨。一个爱美的女人，任何时候看起来气色都很好，每个细节都恰到好处。根本不会让人觉得"哇塞，这姐们儿真拼！"

说到这种看似随意又十分高级的颜色搭配，就不得不提莫兰迪色。这几年，莫兰迪色大为流行，这种饱和度极高的颜色温柔甜美，淡雅又不失明媚，质感十足，用在衣服上更是优雅与气质兼具，不张扬又自带存在感，最易穿出高级感。

但是，你真了解莫兰迪色吗？它是不是适合你呢？

莫兰迪色自 2017 年起成为时尚界的宠儿，在服饰中得到了广泛地运用，对于黄皮肤的华人来说更是能将肤色衬托得白皙透亮，由此在亚洲更是大受欢迎。

它最大的特点就是在色彩中加入灰调和白调，让色彩看起来更淡雅，平和雅致，不争不持。模特穿在身上，有一种特别温柔、恬淡的复古感，冷静沉敛又文艺。但是，这个色系火了那么久，真的适合每个人吗？为什么有时候一到自己身上就没了这种恬淡感，反而显得死气沉沉呢？

其实想把莫兰迪色穿得好看，还有一些客观硬件上的门槛。

首先是肤色。莫兰迪色里的灰调非常明显，而且很多颜色都很浅，和肤色非常接近，如果肤色偏黑穿上了莫兰迪色就很容易显得黄黑或者显老气。它更适合肤色明亮、气质柔和、五官清秀的女性。

其次是体型。莫兰迪色的温柔和复古，更适合纤细轻盈的身材。尤其是浅色莫兰迪，更容易有膨胀效果，让身材显胖。没有纤细的身材，真的少有勇气穿这样浅色又带着丝绸光泽感的面料。

从另一个角度来说，扁瘦、纤长、高挑的身材，也更容易驾驭出复古又带点清冷的质感。因为莫兰迪色本身就带着一种禁欲感，而丰满张扬的肉体显然更热烈奔放。就跟微乳的姑娘就算穿得再暴露一点，看起来也不低俗是一个道理。

最后是关于气质。我们常说的莫兰迪其实更多指的是浅色莫兰迪。画家莫兰迪在自己的大部分画作中使用的颜色也是浅色基调。在气质上，这样的浅色，比如雾霾蓝、暗姜黄、茱萸粉，看起来就很温柔。

除了最直白的温柔感，莫兰迪还有一种复古风情。

现在很多年轻女孩都偏爱 20 世纪 90 年代的港风，其实那时候的摄影，在现在看来也就像加了一层滤镜一样，颜色不那么鲜艳夺目，有一种低调内敛的岁月质感。

当我们看到这种自带灰度的色彩时，就能觉察到一种淡淡的复古气息。

从气质这个部分来说，也分动态美和静态美。

如果你也安静温和，不张不扬，那也许莫兰迪能和你相得益彰。但如果本身的气质特点就更偏向动态活泼美，或者更干练硬朗风，那么相比莫兰迪，还有更合适的风格路线在等着你。

莫兰迪色怎么搭更好看？

方法一： 选择一些和自己肤色差别较大的莫兰迪色。比如，高级的浅奶油色、浅灰色，还有深色一些的雾霾蓝、石榴红和灰绿色。这种方法比较适合连衣裙或者套装的颜色选择。深色的莫兰迪色搭配出来整体会更有存在感，所以对廓形需要好好把握，与穿着者的体型协调。

方法二： 用白色或者黑色隔开莫兰迪色与脸部。白色简直就是行走的打光板，真的是超级合适肤色不够明亮的小仙女了。比如穿着莫兰迪粉色，搭配白色作为底色，看起来气色就会显得好很多。

方法三： 化妆。调亮肤色，增加五官的明艳度。肤色白皙透亮是可以通过化妆来解决的，增加五官明艳程度之后，选择的莫兰迪色就不会让脸部和身体连成一片。

方法四： 浅色莫兰迪跟深色莫兰迪搭配。在搭配的时候，如果上下装都带有一点灰度，那么深浅色的莫兰迪搭配也会很和谐。不论从肤色还是气质上，都比一身浅色更好驾驭。这种搭配在日系穿搭最常见，加了灰度的深色色彩，非常的简洁、大气、优雅，石原里美的很多单品都用到了比较深的颜色。

莫兰迪色虽然流行了那么久，但在现实穿搭中，普遍性其实并没有那么高，有点类似于卖家秀和买家秀的差别。风格这个事情也是如此，不必纠结为什么总是穿不好莫兰迪。有些风格之所以能流行，是因为它们有强烈的视觉影响力。

流行的风格也不一定完全适合自己，我们并不一定要努力去成为谁，选一条更适合自己的路线，只要做到比原来的自己更好就可以了。

你对自己多好，内衣全知道

女人的内衣，往往会暴露她的很多小秘密。

比如对身体持有怎样的态度，对自我的接纳度如何，对内在感受是否重视，是否有外貌焦虑，对所处的环境是否有安全感，能否不在意外在眼光，坦然放松地生活？

你对自己好不好，身上的内衣最知道。

内衣是隐含的柔情，也是女人对自己的宠爱。一个要把胸塞在厚厚的海绵垫中、制造出波涛汹涌感的人和一个爱穿法式薄杯、会把内衣外穿作为搭配选择的人，显然各自生活在不同的世界里。她们对自我的接纳和对美的标准也是截然不同的。现在越来越多女性朋友意识到，我们可以选择更为舒适自在的生活。

美，并不存在于单一僵化的标准之中。就如天然的胸，千姿百态，都是美的。

一件合适的内衣对女人的重要性你可能还不知道，并不夸张地说，你的气质、你的身型，只要有一件好的内衣，就可以体现出最完美的你自己。

你会挑选内衣吗？

有许多姑娘可能还只是根据尺寸挑选内衣，大家一般都知道这些尺寸是用 75A、80B 这样的数字加字母的组合，字母表示胸部大小，数字表示胸围。不过，70A 和 90A 虽然都是 A，两者的胸部大小却并不一样。为什么呢？因为这两者是关联的、浮动的（一个平胸的胖子和一个平胸的瘦子肯定胸部不一样大），要根据具体情况来，虽然国际尺码有个大致的规定，但每种内衣也会根据胸型有浮动，如果你不试，根本不知道它具体的尺寸是不是适合。

去内衣店里试穿的时候，要通过哪几个方面评判合不合身？

一般要看七个方面：

1. 当然是你自己感觉舒服与否。

2. 要回头看后面的系扣是不是正对着 bra 前方的正中心。

3. 从前面看，你的胸部被包裹得正好，没有任何溢出。

4. 注意钢圈是不是完全在胸部以下，而不会往上跑。

5. 仔细观察一下两个罩杯的连接处是不是平整地贴在身体上。

6. 侧过身，看看胸部的位置，一般正确的位置大致在肩膀到手肘的中心处。

7. 一般内衣有三个扣，确认你试穿的时候一定系在中间那个扣，这样无论胖一点还是瘦一点都有空间。

肩带调整得刚好，但每到晚上还是会发现在肩膀勒出个印记？

这是因为你的内衣无法支撑你胸部的重量，一般内衣是通过下胸围来支撑胸部的，这时候可以试一款胸围小一些、罩杯大一些的内衣。

每次都会觉得钢圈勒进肉里了？

这时候第一个要检查是不是胸围选择得太小了，如果钢圈还是挺贴合身体，那你就需要换一款健康舒适的无钢圈文胸。

为什么穿着内衣会出现副乳？

这种情况最可能的原因就是，你根据自己的经验选了一个尺寸，每个品牌的尺寸都略有不同，而这款对你来说小了。或者也有可能是因为这个内衣两个罩杯之间的距离对你来说太窄了。先换个尺寸大一点的内衣，还不能解决问题就换一款罩杯距离宽一点的内衣。

如果两边胸部大小不一样怎么办？

建议你选一款无痕内衣，这种内衣没有接缝，内里有柔软塑型的填充物，能适应各种胸型。

胸小的姑娘怎么选内衣？

首先不要完全迷恋胸垫的作用，胸垫太厚可能会让你的胸部挤在一起，很不舒服。选内衣时要挑一款既能向上也能向中间提供支撑力的设计。试穿的时候也很重要，想拥有聚拢的效果，内衣必须合身，严丝合缝。

罩杯和胸之间还有很大缝隙，一定是尺寸搞错了吗？

先把肩带调整一下，看看有没有变化，如果没有变化再试试罩杯小一号的，如果还是不合身，那说明这款内衣根本不适合你的胸型。

其实你可能从最初一步就搞错了？

穿内衣也有方法吗？是的。首先第一步，你得把肩带放到最长，接着弯腰，套上内衣，然后，站直，系上位置在中间的那个系扣，对着镜子检查一下胸部是不是被完整地包裹住，最后，再把肩带收紧，一直到你觉得舒适的那个程度。

　　私密的内衣最能将每个女孩的魅力无穷释放，或甜美，或性感，或俏皮，或冷艳。一段曾经的时光，留下一个绻绻深情、无尽述说的故事。那些关于内衣的、那些关于情感的、关于男人与女人的，都铺洒在内衣物语的温柔里。

你不懂香水，别乱来

作家亦舒在《茉莉花香》中写到："一间 20 世纪 50 年代的老公寓里总飘着午夜飞行的香味，后来发现是原来的主人遗留了一只香水瓶。"自露台走进书房，她甫轻轻掩上玻璃门，就闻到一阵香味。一点不错，这是茉莉花的清香，一闪而过，就似一个女郎轻轻走过，无意中留下体香。"这款香水像是飞在云端的孤独。每夜每夜，它都在地球的某一个角落、某一个女子的身上绽放风情，空气里一点若有似无、淡淡浅浅、挑动人心的魅惑。"

有一个人，你可能很久没见，忘记了他的样子，但他身上的味道，你一直都记得。确实，除了视觉上的第一印象，气味大概是最让人难忘的"回忆"。而人们至今保留着一种动物的本能，会通过对方的气味，判断自己是否喜欢她/他，是否愿意亲近对方。对于女性来说，香水便是我们自身风格的代言人。

一个令人惊艳的女人，她可能很优雅、很神秘、很矜贵。袅袅婷婷地从你眼前经过，她的发型很美、妆容很美、裙子很美、鞋子很美……

但是这些都比不上她带来的那一阵淡淡香风，令人回味。

关于香水，你能挑选到的远不止属于你的气味，还有属于你的生活。

但很多女性并不懂得怎么用香水，甚至被香水给毁了。可能很多朋友都有过这样的体会，在电梯中忽然飘进一位走路带风的女性，身上香味之浓郁，堪比生化武器，原本香水带来婉约朦胧的风情全无，只有满满的难堪和尴尬。

香水到底应该怎么选？

持香时间越久，证明香水越高级吗？

香水该怎么使用？要分场合吗？

首先我们要了解到的实用的香水知识有以下几点：

1. 香水的分类及留香时间；

2. 香味的选择；

3. 优质香水怎么挑选。

香水的分类

1. 浓缩香水；

2. 香水；

3. 淡香水；

4. 古龙水。

香精浓度及留香时间：

等级：浓缩香水；缩写：P；香精浓度：20%~40%；留香时间：5~7小时；

使用方法：持香时间长，通常以沾式设计为主，少量使用在手腕及颈部。

等级：香水；缩写：EDP；香精浓度：10%~20%；留香时间：5小时；

使用方法：持香时间比较长，通常也以沾式设计为主，比较适合不太容易补香的场合使用。

等级：淡香水；缩写：EDT；香精浓度：5%~10%；留香时间：3~4小时；

使用方法：这种香水一般酒精含量比较高，比较容易发挥，持香时间比较短，一般以喷式使用，适合中午休息时补香。

等级：古龙水；缩写：EDC；香精浓度：3%~5%；留香时间：1~2小时；

使用方法：多以清新的柑橘调为主，比较适合在运动后、洗澡后或者转换心情时使用，也以喷式使用为主。

一般来讲，浓度越高香水也会越贵，留香时间也越长。

香味的选择

香水一般分为前调、中调、后调。

所谓的前、中、后是因为香水里不同原料的挥发速度不同，从而随着时间而展现出来的不同气味。

而一瓶好的香水，应该是有层次、有细节的，前中后气味搭配比较和谐。

至于香味的不同种类，大类分为花香调、东方香调、木质香调、清新香调。从香味的浓郁程度上，又可以分为清新、浓郁两种。

香味选择随季节变化：

一般夏天以清新的水果香、花香为主；冬天以温暖馥郁的东方香、木质香为主。

香味选择随场合变化：

商务场合，一般的工作环境，以清淡、稳重的淡香水为主，避免过于浓郁的味道对同事带来干扰或者厌烦感；酒吧、夜店，则可以选择一些大胆、体现个人个性的、留香时间比较长的浓香型香水。

优质香水怎么挑选

先来说下针对大家口中的普通香水和大牌香水，其实香水一般在市场上分为 3 类：

1. 大众市场品牌（诸如 Bath&Body Works，The Body Shop 一类非常便宜的）；

2. 奢侈品牌（诸如 Dior，Chanel，Hermes 等）；

3. 沙龙品牌（诸如 Serge Lutens，L'Artisan，Jo Malone）。

第一类跟第二类的差别还是比较大的，这些比较便宜的品牌用的香精一般质量比较一般，第二类和第三类的区别其实并没那么大。

那么到底该怎么选？

1. 看质地，拿起香水瓶轻轻摇晃，如果没有沉淀物等杂质，就证明香水质地还不错；

2. 闻味道，好的香水香气是彼此和谐的，有细节、有层次感的，而不是浓烈的、刺鼻的香，也不会含有很大的酒精味；

3. 看有无色素，好的香水是没有颜色的。

小贴士

最后，为大家附上香水的几种使用方法。

香水雨法：

将香水高举向空中大范围喷洒，然后快速像淋雨一般上前转圈，使香水均匀落在身上。

手臂外侧：

手是平时最容易活动的部分之一，手腕静脉处如果佩戴有手表或者手链，香水味可能会受这些饰品自身气味的影响。因此手臂外侧会是一个更好的选择。

脖颈处：

在社交中，亲吻和贴面礼时，香水如果喷在脖颈，会很容易带出香味。

头发处：

将香水喷洒于头发处，也是一个非常好的散发香气的地方，尤其是披头发时，随着你每一步走动，头发都能将香水味带动出来。

Part3 妆容篇

让那些最美好的相遇，始于容颜

要想美无处不在，
一要发现它，
二要创造它。

　　不管你承认与否，化妆已经成了每一个女性生活的一部分。美丽的容颜不止是屏幕上耀眼明星的专利，每个人都可以亲手打造自己的女神妆容。在这之前，我们需要无比熟悉自己的五官，找到它的风格，认可并接纳它的个性，最终将它的亮点放大。本章会从发型、底妆、眉眼唇妆以及妆前妆后护理等一系列完整的流程，手把手教你如何打造自己的专属女神妆。

拒绝撞脸，找到自己的专属妆容

在法国有句谚语：女人即使老去，也不会枯萎。

这种对美的追求和自信，是长年累月的点滴汇聚。若非天生丽质难自弃，很少有人的美是一蹴而就的。大多数情况下，是出身环境与后天际遇跟学习，最终历练塑造了一个人的美。

这样的美是一种状态，是一种完全接纳自我，不受外界干扰的自信。这种自信，能让即使身材圆润的姑娘，走在身边都是婀娜苗条的骨干美女的大街上，也能昂着头，迈着轻快的步伐，洋溢着自己独特的魅力，走成街上美丽的风景。

这样的美千姿百态，是独属于女人自己的风采。即使有瑕疵，也是美人入画，惊鸿一瞥。

但很遗憾的是，现在公认的美是"流行美"，大家都是怎么流行就怎么收拾，明明每个人不是同类型的长相，却被强行按上同一套妆容。一水的"韩式大平眉"、欧式大红唇，美的定义变成千篇一律了。

实际上，美是没有公式的。每个人面部都或多或少有着一些缺陷，但却美得很特别。而化妆，是让我们找到独一无二的最美的自己。它对每个个体的修饰也都是以面部结构出发，而非简单的铺颜色、强化对比。化完妆后 A 有 A 的美法，B 有 B 的韵味，这才是化妆的审美。

毛戈平老师有个金句：

化妆化漂亮，是骨骼挪位。没有一个人的皮肤位置是极其标准的，都要通过高光阴影来调整原有的骨相。

有了好的骨相，五官只是最后的刻画。

在这个基础上，化妆才能呈现出千人千面、美得各有韵味的效果来。

如何选择适合自己的妆容？

这个世界上的所有事情，本来不是一套公式能解决的，化妆也是。

很多女性之所以化了妆，也没达到预期的惊艳效果，是因为没搞懂自己的五官特性和脸型的差异。

人的脸型分为圆脸、椭圆脸、方脸、长脸、菱形脸、倒三角形脸等几种，每种脸型的特点都不一样。要想化妆化得美，就必须搞清楚自己属于哪种脸型，才能正确"因脸施妆"。下面我给大家分享一些不同脸型在化妆时的实用小技巧。

圆脸

圆形脸比较圆润丰满，显得人比较可爱，但同时也容易造成"婴儿肥"的即视感。如果想要让脸部看起来更有棱角，可以参考以下几个化妆技巧：

眉毛：圆脸的眉尾要画得挑一点，可以在视觉上减轻脸的圆润感，拉长脸部线条，使五官看起来更为立体。

眼妆：眼妆部分以清淡为主。眼线不要过粗，选取大地色系眼影，这样可以让眼睛显得清爽又明亮。可以在外眼角处加宽、加长眼线，使眼形拉长。

修容：用化妆刷扫到鼻梁两侧，由眉头延长至鼻尖两侧，从而打造整个五官的深邃感。

腮红：腮红打在标准位置（即颧骨两侧），并搭配刷子轻轻向斜上方扫会更好，可以起到很好的瘦脸效果。

方脸

方形脸的脸部线条感很强烈，棱角感比较鲜明，参考以下几个化妆技巧会让整个人的脸部更加柔和。

眉毛：淡化眉峰，减少棱角感，让整体眉型偏平缓。在眉峰处微微拱起，增强线条柔和感，让整个人看上去很温柔。

眼妆：画一条眼线，在眼尾处向上微微挑起，增大眼睛的宽度，看上去就会让人觉得眼睛比较圆且大。可以在上眼尾和眼球下方用细闪提亮，会有一种波光粼粼的感觉。

修容：方脸修容最重要的就是将脸部的四个角打上阴影，这样脸部线条就会柔和很多。打阴影时要由外向内，力度也是由重到轻，打造出层次的渐变效果。

腮红：以打圈的方式，在颧骨上方扫上深色腮红，浅色腮红扫在下方，可以起到叠加修饰脸型的效果，也会显得比较自然大气。

长脸

脸长的同时会显得脸比较窄，需要从视觉上增加脸部的宽度，参考以下几个化妆技巧可以协调脸部的比例。

眉毛：适合平直或眉峰比较立体的眉形，平缓的线条带一点弧度并且适当加粗，横向拉宽脸部比例，视觉集中于眉眼间。

眼妆：眼妆无需全包眼线，在外眼角处加宽加长眼线，拉长眼形即可。可以拉长、加宽眼线，让眼睛看起来大而有神。

修容：阴影部分用修容粉晕染发际线处，增加脸的宽度和立体感。提亮部分，用高光扫在 T 区和脸颊颧骨处。

腮红：腮红的形状是扁椭圆形，用腮红刷在眼下、鼻翼以上的区域，可以缩短脸的长度同时让你减龄。

菱形脸

菱形脸的特征是额头窄、太阳穴凹陷，颧骨突出还有尖下巴，参考以下几个化妆技巧会让整个人看上去锋利一点。

眉毛：选择稍微上挑的眉形来增加额头宽度，稍稍加长一下眉尾，在视觉上会增宽脸部比例。

眼妆：眼影以大地色系为主，眼线可以适当拉长眼尾，增宽脸部线条，同时也能显得眼睛比较温柔。可以适当抹上桃花色眼影，打造初秋时髦精致的粉色妆容。

修容：阴影的重点是在脸颊部位，将阴影从颧骨下方扫向苹果肌，在额头用高光或色号较浅的粉底液进行修饰。

腮红：腮红打在苹果肌上，或者从颧骨下方处斜扫下来晕染，不仅自然还能修容。

倒三角形脸

倒三角形脸又叫作心形脸，额头相对于脸下部来说比较宽。如果想要使妆容变得更加有气质，可以参考以下几种化妆技巧。

眉毛：画眉毛的时候一定要注意不可画得过长，本来脸的上部就过宽，所以眉毛不要超过眼尾。

眼妆：因为倒三角脸型天生自带艳丽感，眼妆部分还是清淡一点比较好，眼部的眼线可以向上挑一点，视觉上调节眼睛比例。可以用棕红色眼影晕染，上眼线用黑色眼线笔。

修容：上部打阴影，下部提亮，额头的高光要呈椭圆状打，脸颊处的高光在鼻翼、眼尾的连线上。

腮红：腮红位置是在眼头和眼尾水平线的中间，高度在鼻翼水平线处。

作为女人，大家都是长大之后，见多了所谓的美丑，才发现自己当年有多"非主流"。把这道理放大，其实就是大众审美的变迁，从模仿别人，到盲目跟风，再到自我审美觉醒。而我们做的就是尽量让每个爱美的女性，在这条觉醒发现自我的路上少走弯路，走得更稳、更自信。

我们只需记住一点：

别让流行的审美观绑架了你，那早晚会过时。

而你自己的美，才永远不会凋谢。

这样画眼妆的你，真好看

爱上一个人，有千万种理由。

很多的人，会因为一个眼神而沦陷。

"巧笑倩兮，美目盼兮"一直是美人的标准。何谓"盼"？眼睛黑白分明，眼神如波流转，生气时会簇一簇眉头，表达亲昵会俏皮地眨眨眼，就算沉默对望，想说的心事都会从眼睛跑出来。所以大家才会说，看人先看眼，眼睛是心灵的窗口，眼神能表达人内心的真实想法。眼睛漂亮的女人，经常一个眼神就可以让人神魂颠倒。

现在拥有好看的眼睛的人越来越多，可是清亮会说话的眼神却越来越少。街上清一色的双眼皮、假睫毛配美瞳，有时候能看到深深的欲望，更多的是在生活中慢慢麻木的无奈，少了那一抹灵动。

如何画好一个眼妆，让眼睛里盛满星星呢？

对于五官的化妆来说，眼部妆效可以说是最为重要的，而眼影的化法恰恰又是技术难度最高的，要想给自己的眼型画出最完美的眼妆，那就一定要在技巧和手法上大做手笔。

双色经典眼妆

搭配一：玲珑细致妆

粉色 + 黄色

点评：明快的黄色和柔嫩的粉色组合，体现女性的柔情华丽与天真烂漫；

画法：上眼睑眼线处用粉色晕染，面积不可过大，眼角用明黄色加强；

脸型：鹅蛋形、圆形、长圆形、菱形。

搭配二：性感女神妆

绿色 + 浅棕

点评：棕色突出眼部轮廓与外形，墨绿强调性感魅惑；

画法：化妆师以墨绿色的眼影打底，然后用棕色眼影描画眼眶，突出深邃的眼部轮廓；

脸型：菱形、长方形、鹅蛋形、方形。

搭配三：名媛淑女妆

蓝色 + 紫色

点评：糖果色彩与浪漫色彩相容，凸显年轻、华贵气质；

画法：化妆师用紫色眼影涂满眼窝，轻扫一层即可，再用蓝色的眼影晕染一层，加强眼头位置；

脸型：鹅蛋形、菱形。

搭配四：秀场时尚妆

绿色 + 蓝色

点评：适合身材偏瘦女性，配上动感烫染长发，气场十足；

画法：绿色的眼影晕染眼皮，化妆师在眼眶刷上蓝色眼影，上下眼睑处都要刷，下眼睑从 1/3 处开始向眼尾刷蓝色眼影；

脸型：菱形、长方形、鹅蛋形、方形都能驾驭。

搭配五：精致生活妆

黄色 + 蓝色

点评：适合出游使用，凸显白皙细致的肤色，有活力；

画法：黄色眼影打底，蓝色眼影上眼睑从 2/3 处轻扫一层即可；

脸型：皆可尝试。

日常眼妆搭配指南

生活眼妆

柔和大地色彩为主

常用色彩：浅咖啡色、深咖啡色、蓝灰色、紫罗兰色、珊瑚色、米白色、白色、粉白色、明黄色。

搭配指南：

深咖啡色配明黄色，色彩偏暖，妆色明暗效果明显；

浅咖啡色配米白色，中性偏暖，妆色显得朴素；

蓝灰色配白色，色彩偏冷，妆色显得脱俗；

紫罗兰色配银白色，色彩偏冷，妆色显得脱俗而妩媚；

珊瑚色配粉白色，色彩偏暖，妆色显得喜庆活泼。

派对时尚眼妆

妆色彩丰富、对比强

常用色彩：深咖啡色、浅咖啡色、灰色、蓝灰色、蓝色、紫色、橙黄色、橙红色、夕阳红色、玫瑰红色、珊瑚红色、明黄色、鹅黄色、银白色、银色、粉白色、蓝白色、米白色。

搭配指南：

灰色配蓝灰色、紫色、银色，色彩冷，妆容典雅脱俗；

蓝色配紫色、玫瑰红、银白色，色彩偏冷，妆容冷艳；

深咖啡色配橙红色、鹅黄、米白色，色彩暖，妆容华丽；

蓝灰色配珊瑚色、紫色、粉白色，中性偏冷，妆色显得典雅。

新潮眼妆

选择明度较高色彩

常用色彩：蓝色、绿色、鹅黄色、橙黄色、紫褐色、银色、蓝白色、玫瑰红色、樱桃红色。

搭配指南：

蓝色配橙黄色、银白色，热烈生动；

绿色配鹅黄色、樱桃红，妆色热烈妩媚；

紫褐色配玫瑰红、橙黄色、蓝白色，妆色热烈高雅；

蓝色配玫瑰红色、鹅黄色、银色，妆色艳丽高贵。

眼影晕染方法

平涂法

一种颜色的眼影直接平涂，最适合肿眼泡。

渐进（纵向）晕染法

一种或渐变色系颜色的眼影向上晕染，最适合小眼睛。

横向晕染法

两种或两种以上颜色的眼影向内眼角晕染，适合所有的眼睛。

欧式倒勾法

用两种或两种以上颜色的眼影勾勒出眼部的结构，使其产生欧洲人或混血儿眼窝的效果，最适合眉眼间距远、内双、单眼皮、眼泡不肿的眼睛。

假双法

两种或两种以上颜色的眼影勾勒出假的双眼皮效果，最适合眉眼间距远、内双、单眼皮、眼泡不肿的眼睛。

特殊眼形画眼影

单眼皮

加入暗色创造清晰感，化妆师再将亮色略为超出眼尾地涂刷于眼窝浮起处。另外还要于眼睛边际涂刷暗色，将此处的颜色粗细调整为张眼时可见 1~2 毫米。

内双眼

将亮色刷于整个眼窝上，暗色则涂刷于眼睛边际，下眼睑靠眼尾约 1/3 的范围涂上薄薄的暗色，自然地与上眼睑的眼影连接。

下垂眼

上眼睑打上暗影，沿着眼窝浮起处自然地涂刷亮色，暗色则是粗线条地涂刷于眼尾，向上刷晕，通过这种渐层效果可使眼尾上提。

单凤眼

下眼睑打上暗影，将亮色涂刷于整个眼窝上，暗色则涂抹于眼头处，向眼尾刷晕；反之，下眼睑眼尾部分涂得较粗，然后向眼头刷晕，如此将可取得平衡。

眼部浮肿

在亮色和浮起处的阴影部位，涂刷亮色至超出眼窝范围，然后刷晕至眉下，下眼睑刷晕成围住眼睛一般，至于暗色则是又细又淡地涂刷于睫毛边际处。

双眼间过窄

沿着眼窝涂刷亮色，暗色沿着眼睛边际涂刷，又宽又长地往眼尾刷晕，直到下眼睑靠眼尾约 1/3 的范围。

眼间距过宽

由眉头朝鼻梁将暗色沿着鼻线淡淡刷晕，亮色涂刷于眼窝偏内侧，接着将暗色浓浓地涂于眼头处，要领是不可往眼尾涂刷。

眼影的描画是令整个妆容出彩的重要部分，即使对一个资深化妆老手来说，眼影的选择和眼影的化法也都包含着很深的学问。爱美的女性朋友们可以根据一些常见的眼影去改变，无论是妆面还是眼影，融入自己的思想、自己的元素在里面，玩个性、玩时尚，人的创意是无限的，你会是最懂眼睛的人。

堪比整容的美颜术是什么？换发型

"这辈子我就喜欢这么一个人，我要用尽我的万种风情，要他在将来不和我在一起的任何时候，内心都无法安宁。"

这是电影《万物生长》中的一句台词。几乎所有女人都希望自己和别人不一样，不一样到很多年以后你都无法忘记我。而你那一头飘逸秀发，永远都能稳坐他记忆中背影杀手的宝座。的确，头发是女人的第二张脸，不论是齐腰如瀑的长发，或是风情俏丽的短发，都能呈现出不同的时尚风格。

女人的发型处处藏满了心机，这种程度堪比化妆修容，甚至可以说"发型代替整形"。想要找到适合自己的发型，首先需要明白，什么样的发型可以让我们的脸部优点发挥到最大，缺点掩盖掉；其次是在扬长避短的基础上，找一款适合自己风格的发型。

说到扬长避短，类比服饰，穿衣的基本诉求是服饰怎样可以让人体达到扬长避短，符合美的标准，发型的基本诉求是发型怎样让人脸达到扬长避短，符合美的标准。人体有扬长避短的美丽标准，即打造完美身形，人脸也有扬长避短的美丽标准，即打造三庭五眼和脸部线条流畅。

发型达到扬长避短这一基本要求后，就确定了发型的基本形状，比如长短问题、刘海问题、层次问题、哪里蓬松问题等。关于头发是直的还是卷的，就需要根据脸部风格来确定。接下来，我给大家具体讲解。

适合长发还是短发？

首先最需要的是，判断自己的脸型适合哪一种发型，依照脸的长度来选择自己是适合长发还是短发，再来选择究竟烫什么样的造型。判断自己适合长发还是短发，可以根据最近很火的 5.7 厘米黄金比例定则来判断。

对着镜子，拿一支笔平行放在下巴尖，再拿出尺测量耳垂到笔的距离。如果耳垂到下巴尖的这段距离，小于 5.7 厘米，那么脸型就比较适合短发，如果大于 5.7 厘米，那就比较适合长发。

判断好了自己适合长发还是短发后，就开始选发型了。

你属于什么风格？

线条的曲直程度会很直接地决定风格是偏向女性化，还是男性化，还是雌雄同体。

用在发型上，就是直发会显得人清爽、干练，女性气息不足（偏男性化）；卷发会显得人柔美、女人味，偏女性化；曲直适中的发型是两者的中和体，曲的多偏向女性化，直的多就显得干练。

所以在选择发型的时候，想要女人味一些就做卷发，但值得提醒一下的是，卷发容易显老气，需要精心挑选。想要偏清冷、清爽、清纯、干练、简洁的就选直发，曲直适中的是两者的中和，是女人味与清爽的结合，直的多点偏清爽，曲的多了就偏女人味。

脸型和发型的关系

圆脸

圆脸线条柔和，额头、下巴略宽，颧骨比额头和下巴稍宽一点。

圆脸适合略超下巴的分层长波浪，时髦的分层波波头，齐刘海，或者是齐肩的长发。

卷发或者波浪、丸子头加厚厚的斜刘海，或者夸张的长刘海都是圆脸不错的选择。

要避免齐长呆板的经典波波头。

方脸

方脸的特点是宽额头、宽颧骨、宽下巴，棱角分明。

剪头发的话，可以选择从下巴位置开始分层，前长后短的波波头，有个性的不规则分层造型，或者是轻扫眼睛的刘海都不错。

造型方面，可以尝试一下卷发，或者干脆把头发全部梳到脑后扎一个马尾或是丸子头，露出你漂亮的下颌。

要避免死板的齐刘海或者齐长的波波头，它们会显得脸更方。

鹅蛋脸

鹅蛋脸和圆脸有点类似，只不过不是正圆，而是椭圆。鹅蛋脸脸部线条柔和，通常额头和下巴同样宽，颧骨稍宽一点点。

鹅蛋脸几乎可以驾驭所有的发型。所以鹅蛋脸要做的是找到脸上的亮点，然后用发型突出它。如果你下巴线条很不错，用带点斜度的波波头来衬托它。要是眼睛很漂亮，齐刘海或者斜刘海会让它更加惹眼。

类似法式包头之类的盘发也很适合。

心形脸

心形脸通常下巴又尖又窄，额头较宽，颧骨和额头一样宽，或者比它宽一点点。

斜刘海或者齐眉刘海可以很好地将注意力从你的下巴上移开。同时干净利索的短发也是不错的选择。但是要避免下巴长度的分层波浪卷。

造型方面，推荐向后倾斜的盘发，这样可以让头顶的头发看起来更多一些。

不要把头发向后梳得一丝不苟，这样会显得你的头顶很平。

三角形脸

三角形脸刚好和心形脸相反，下巴宽、额头小，棱角分明。

三角形脸适合夸张的斜刘海，大概到下颌的位置，或是蓬松的短发，又或者到锁骨及以下长度的长发。

扎个蓬松的马尾，让头发自然地散落在脸的两边。不要把头发向后梳得光溜溜的，你需要用碎发遮一遮脸。

菱形脸

宽颧骨，下巴和额头较窄。

建议用厚的直刘海搭配下巴左右长度的波波头之类的短发，这能让你的下巴看起来更饱满一点。

有刘海的话，可以扎个高马尾或丸子头。

留意一下中分或者能垫高头顶的发型。

长脸

整个脸部比例基本一致，额头、颧骨、下巴差不多一样宽。

齐眉刘海、斜刘海或者下巴长度的波波头能从视觉上增加脸的宽度。短发更适合长脸，长发会让脸显得更长。

卷发或者波浪造型能增加脸的宽度。锁骨以下长度的发型都不在考虑范围之内。

小贴士

去理发前，先弄清楚自己脸部的优缺点，琢磨一下什么样的效果可以弥补缺点、展示优点，想好自己的诉求和理想中的发型，再去网上搜一些发型图片，了解自己的头发各个部分将要剪成什么样，再拿着素材去找理发师，跟理发师沟通好各个地方的细节，剪出来的效果如不是你满意的，也不要担心，因为想要找到适合自己的发型，就要多尝试，画蓝图进行实践，实践过后再思考总结经验，几次过后就能找到适合自己的发型了。

一个适合自己的发型，不光是看脸型和头发，还要看这款发型是否和自己的身材和谐统一，能否展示自己的气质和魅力，能否和自己的穿着相吻合，只有达到了和谐统一，才算得上最完美、最适合的发型。愿每个女人在美的路上都有自己独特的精彩。

底妆不好看，因为你差了这一步

可能很多女性都有过这样的经历，原本秀气干净的一张脸，化了妆怎么看起来更加粗糙了，甚至还没妆前好看……

排除皮肤底子问题，最根本的原因可能还是底妆没有打好！底妆是一切美丽的基础，重要程度相当于女人的"第二张脸"。很多有大把底妆化妆品的人，压根儿分不清每一种应该怎样才能发挥它的最大功效，以至于同样一款底妆，不同的人能用出天差地别的效果来。

到底怎样才能打造一个干净持久的底妆呢？

1. 妆前乳

妆前乳一般是用在底妆之前，它的功效有很多种。

油皮可以选择控油款，干皮选择保湿款，上妆不易卡粉，毛孔粗大的话可以使用隐形毛孔的妆前乳。

2. 遮瑕

每个人多多少少脸上都会有些瑕疵的，如果想要有很好的底妆效果，而粉底液已经不能满足你的"欲望"时，遮瑕膏是一个很好的选择。

痘痘／痘印／红血丝这类红色瑕疵就要用绿色的遮瑕帮助遮盖。而像发黑的痘印和色斑、雀斑、日晒斑等这种偏暗沉的灰色或棕色系的瑕疵，应该要用对应橘色或黄色系进行遮盖。遮瑕膏最好用点拍的方式上，这样才能更好地遮掉脸上的瑕疵，并且不那么容易掉色。（注意：千万不能用涂抹的方式，因为这样上遮瑕很容易让遮瑕晕妆，并且遮盖效果也会大打折扣。

3. 粉底

粉底一般分为粉霜、粉底液、粉底膏等，大家可以根据自己的肤质进行选择。但是我建议新手女性最好用粉扑或者美妆蛋进行上妆，这样化出来的妆容会更加自然。

方法也很简单，将美妆蛋稍微浸湿，然后用卫生纸将水分吸干，再蘸取少量底妆产品在脸上轻轻按压均匀就好了。

不过想要妆容精致，最重要的一点就是，皮肤底子要好！不然化的再好都没用，所以大家一定要注意护肤保养。

小贴士

1. 粉底充分拍打到你觉得可以定妆了之前，用纸巾轻轻按压一下面部尤其是鼻翼部分，沾掉多余浮粉，之后再定妆，可以让妆容更持久。

2. 粉底最好备两支，一支比肤色略深，用于全脸，一支比肤色略浅，用于钻石区（简单点说就是去掉你的两个腮帮子和发际线那一圈余下的面部位置），这样比你涂个大白脸的效果要好出好几倍。

3. 粉扑、刷子之类的东西，一定要定期清洗，不然很可能带来满脸痘痘哦。

柔情似水，皆在眉梢

最是那低头一笑，千种风情绕眉梢。在漫长的历史中，古今女子对美孜孜不倦的追求，说明美实在是人本能的需求。时光终究流逝，然而，美的记忆将长存。金戈铁马，倒抵不过美人额间、眉梢的那一抹颜色。

即使再懒散随意的女子，画眉也是每日必不可少的一件事。晨起洗漱时，望着镜中浮肿倦怠、睡意未消的面庞，自己都觉得无精打采，提起眉笔描画一番，眉眼间便有了几分精神，油然而生"今天的太阳又是新的"的激情。无怪乎人说"眉好五分妆"呢。

看似微小的眉毛里却藏着万般心绪：人逢喜事精神爽，便"眉飞色舞"；心情抑郁沮丧，不免"愁眉苦脸"；苦思冥想时，"眉头拧成了一个疙瘩"；豁然开朗时，"紧皱的眉头舒展开来"……

眉毛不仅与我们的情绪息息相关，更重要的是，眉形好人就漂亮一大半，就算素颜，出色的眉形也会让五官立体，脸型变小，但眉毛稀疏无形，五官就变模糊、憔悴，看起来又老又肿。

怎么才能画出一个适合自己的眉型呢？

1. 确定眉形用三点法

眉头：用眉笔将鼻翼与眼头的两个点连接，延长线与眉毛相交的点即为眉头的位置。如果眉头的眉毛超出这个点，可以用眉夹拔掉。

眉峰：用眉笔垂直于眉毛，笔杆的边缘（左眼为右侧边缘，右眼为左侧边缘）与黑眼球的外侧边缘重合。眉笔与眉笔相交的位置为眉峰。

眉尾：用眉笔连接鼻翼与眼尾的两点，眉笔延长线与眉尾延长线相交于一点，该点即为眉尾应该延长到的标准位置。

2. 脸型与眉型搭配

"由"字脸型：上窄下宽，给人感觉富态。眉型平缓一些，不可太细，太短，否则会使下颌宽更明显。

"申"字脸型：中间宽，额头和下巴窄，给人感觉机敏。眉型宜平直略长，不适合弧度大的眉型，否则会加大额头的宽度感。

"甲"字脸型：上宽下窄。眉毛不宜太粗或太重，会使上部比重更大，使下巴显得更尖。

方脸型：给人感觉正直。眉型要呈上升趋势，略带棱角，眉峰在外1/4处，与下颌角有呼应，以粗为宜，跟方下颌有个呼应，弯弯细细的眉毛和一字眉都不适合。

圆形脸型：给人感觉圆润、亲切、可爱。眉形适合上扬、有一定倾斜度和力度，宜粗不宜细，可适当拉长脸型，不适合弧度太大的眉形，会显得脸更圆。

长脸型：长脸型给人成熟的感觉。眉型宜平直，宜粗不宜细。

标准脸型：称鹅蛋形。搭配标准眉形，眉头与内眼角垂直，眉头眉尾在一条水平线上，眉峰在眉毛的2/3处。

原来唇妆还可以这么玩

朱唇一点桃花殷，宿妆娇羞偏鬓鬟。

细看只似阳台女，醉著莫许归巫山。

说到朱唇，是不是让你浮想联翩了？性感，在女性，最先让人们想到的是那一抹朱唇，无论是艳的还是淡的，女人的各种风情一张嘴就看懂了一半。浪漫的爱情也总有它的身影，带着润泽微凉的触感。即使在记忆中渐淡的朱唇，也有一种诱惑使人沉迷。

朱唇轻启最为魅惑，一个轻轻的飞吻就可以夺走全世界男人的心。

但是，如果没有一个完美的唇妆，再美的唇也只能黯然失色。

1. 做好唇妆妆前准备

一到秋冬，很多人的嘴唇会出现干裂的角质层，其实也就是嘴皮子，先说好了，如果你要撕，也可以，但别撕流血了。因为口红和唇膏这一类物品，先不说成分是不是纯天然，有没有化学试剂，至少是有细菌的吧，很有可能因为破皮使用唇膏、口红而导致发炎。

正确的做法是使用滋润度较高的唇膏涂抹在嘴唇上，稍等片刻之后用干净的软毛刷刷掉软化了的死皮，这种清洁方式相对温和，不会让你的嘴流血。

2. 避免口红沾染到牙齿

天哪！最让人觉得尴尬的就是牙齿上有口红了，和牙齿上沾菜叶子一样，尴尬度不相上下，而且别人不提醒，自己完全不知道。

3. 给唇妆定妆

最常见的便是喝口水就掉妆了，有时候还要补个妆，实在麻烦得很。

其实这个困扰完全可以解决，在涂完口红后，用散粉或透明蜜粉定个妆。不是让你直接涂抹，而是在涂好的唇妆上，放一张薄薄的纸巾，然后用化妆刷打点散粉上去，一方面纸巾会带走多余的口红油脂，另一方面会有少量的散粉透过纸巾均匀地分布到嘴唇上，起到定妆的效果。

PS：用质量太好的纸巾，效果可能会不太好哟。

4. 改变过深的唇色

相信有些气色不太好或者平时没有做好卸妆的女性朋友，都会遇到唇色过深的烦恼，这个时候我们就一定要用到遮瑕膏。

遮瑕膏是可以改变深唇色的。大家不妨用起来，在上唇妆前涂一层薄薄的遮瑕膏，就算裸妆，过深的唇色也能驾驭哟。

5. 改变唇形

你可能对自己的唇形是不满意的，想要变一下。其实改变唇形靠化妆就行，没必要整容填充之类的。

怎么做？遮瑕膏不是能淡唇色吗？那么就多涂一些，能够模糊唇部轮廓，再用唇线笔重新勾勒一个唇部轮廓线，最后用口红填充。

6. 找到适合自己肤色的口红

很多女性朋友都不知道什么色号的口红适合自己。其实主要是看你肤色的深浅，不要到了专柜试个遍都找不到适合自己的，先搞清楚到底自己适合哪一种，再带着目的去选。

皮肤较白，可以选择带冷色调的红（泛着蓝或者紫），就是那些口红封面广告女郎经常用到的。

不白也不黑，皮偏黄一些的，选择带点橙色调的口红。

肤色较深的，可以选择酒红色和那些看起来温暖的色调。

那么裸色系口红怎么选呢？还是一样，看肤色。

肤白，使用浅粉色。

标准的亚洲肤色还是挑选橙色的裸粉。

皮肤颜色更深些的，带有巧克力的棕粉更适合。

小贴士

补救损坏的口红

大家可能碰到过这种情况，开开心心打开快递包裹，结果发现口红不是断了就是残了，又或者家里有调皮的小娃，生生折断了自己的口红，简直心疼钱。碰到这种情况，若是不想退货换的话，有一个打火机就好了，烤一下口红的截面和断痕，轻轻地用手指抚平，等冷却以后又是一支好口红。

路人怎么"妆"出高级感

从欧美到日韩再到国内,看一圈街拍,再翻几本杂志,细心的女性朋友就能发现,近几年的妆容已经悄悄地发生了改变,似乎都通通放弃了一层层地刷大白、过重的修容以及略显油腻的水光感,妆到高处便是无妆,这才是高级。

这类妆容的核心要点就俩字:自然。

摒弃多余的浓妆,突出个人特色,让妆容也变的更加高级。比如时下流行的贴地眉、若有似无但却精致灵巧的眼妆、恰到好处的腮红和高光点缀……看似清淡却实藏颇多小巧思,妆感清透但却超大限度地填补了五官的不足。

奶油肌

说到奶油感柔光肌,你会发现素肌感是被 pick 很多的底妆关键词。不难看到,国内外大受好评的一波封面照,都是这种天然好肌肤的柔焦质感底妆。

这类底妆拒绝显油腻的水光感,而是选择哑光质感,对于脸部斑点、瑕疵没用厚重的遮瑕,而是保持了一些本身皮肤的质感和特色。首先选择一款哑光的粉底,如果没有哑光的粉底也可以活用定妆粉,先用定妆粉自带的粉扑，蘸取一点定妆粉按压在眼下，鼻子旁边等易出油的位置。再用刷子蘸满哑光定妆粉，大范围扫满整个脸部，去掉其他脸部多余的油光。

野生眉

越来越多的女星换上了这种充满毛流感，自然清新，毫不做作的眉毛，真的博得了一票佛系青年的好感，但我要说的是，野生眉真的不是让眉毛"自由野生"。

1. 修除杂毛，保留原生形状

野生眉的重点就是要在修建杂毛的基础上，保留原生眉毛状态钟。楚曦可谓是领会了其精髓，无时无刻不给人一种慵懒的自然感。

同样风格的还有日本模特小松菜奈，尤其是眉头的部分，她几乎从来不刻意追求某种形状，有的只有经过精心修建却不突兀的天然毛流眉。

2. 模糊边框，根根分明

眉毛根根分明，随意不羁中带点帅气自然，可细细观察也不乏女性的温润和甜美。

3. 眉色自然，与发色一致

肤色偏浅的女孩在画眉时要谨慎，可以选择跟发色相近的颜色。顺着眉形自然拉长，不需要太多的颜色过渡，毛茸茸的妆感很讨喜。

清淡有神眼妆

厚重的大浓妆并不高级，高级的妆面眼线的线条一定是顺畅均匀的，弯弯曲曲的眼线，厚而宽的夸张眼线，都会给人感觉很低级。想要画出一个清淡有神的眼妆，做好下面几步即可。

1. 定妆

首先给上完粉底后的眼睛定妆，用手指把双眼皮褶皱处的粉底抹开，然后用刷子少量多次蘸取蜜粉轻扫上下眼皮，直到上下眼皮有不再黏腻的感觉为止。

2. 夹睫毛

在化内眼线前先夹翘睫毛，因为如果先化内眼线再使用睫毛夹，睫毛夹就会带走一部分黏膜处的眼线产品。

3. 找准位置

一个完整的内眼线有两个部分，第一部分是我们眼睛黏膜的位置，第二部分是睫毛根部。尤其针对一些睁眼时黏膜比较外露的，如果睁眼后看那一部分是空白的，就很像翻白眼，整个眼线就显得很不好看，所以第一部分和第二部分都需要用眼线产品填充。

4. 填充

眼线刷蘸取眼线膏填充上一步所提到的部位，这里建议使用眼线膏和眼线胶笔，这两种产品相对眼线液笔来说更要软一些，对眼部刺激没那么大，也很好描绘。

卸妆不对，颜值报废

　　"美不美，一盆水"，在这个化妆技能逆天的社会，有多少美人都是"妆"出来的，一盆水浇上去，无所遁形。但娱乐圈中并不缺素颜更比化妆美的女明星，她们不仅敢素颜示人，还敢直播卸妆。卸妆好，皮肤才会好。所以做好卸妆工作，是保持盛世美颜的必备利器。

　　但有些女性朋友沉迷于化妆，却不知道卸妆的重要性。很多皮肤问题并不是因为你不保养，而是因为卸妆不彻底而产生的。

不卸妆的后果

　　不卸妆，化妆品的残留会沉淀在皮肤内，造成皮色暗淡，没有光泽。经常这样，会使皮肤变得粗糙、暗黄，毛孔阻塞，毛孔变大，皮肤暗沉，角质层过厚，皮肤松弛等。举个简单的例子，一片土地上涂一层水泥，水就会排得很慢。肌肤也是如此，如果长时间不卸妆，肌肤容易阻塞，对外排毒，对内吸收护肤品都成了问题。可谓是卸妆不对，颜值报废。

如何卸妆？

　　正确的卸妆步骤，不仅能够起到保护肌肤的作用，还能让自己看上去更年轻。

卸妆一般是分为两个步骤：

1. 眼唇卸妆；

2. 全脸卸妆。

眼唇卸妆

Step1 若你有戴隐形眼镜，先把隐形眼镜取出来，再将假睫毛摘掉，其实直接摘掉还是会有一些拉动眼皮，大家也可以不直接摘掉，先用浸湿的卸妆棉敷在眼睫毛上一会儿，然后再摘掉。

Step2 用浸湿的化妆棉整个敷在眼皮上面，大概十几秒，因为这样可以让化妆品很快溶解掉。还有唇部也是，用浸湿的化妆棉敷在嘴唇上大概几十秒，然后轻轻擦拭掉就可以了。

Step3 在卸眼线和睫毛膏的时候，可以采用将卸妆棉对折的方法，画"Z"字上下揉搓眼睫的位置。

Step4 然后就是再继续卸眉毛，勤俭节约的姐妹可以用卸完眼妆的卸妆棉继续擦眉毛哟。

脸部卸妆

Step1 卸脸部的时候，一般用的是卸妆水。基本步骤和卸眼部差不多，但是注意要轻一点，不能太用力。若你用的是卸妆油、卸妆膏，可以直接往脸上糊。当然，还是要先看一下这些卸妆产品的说明，看看要不要用水溶解一下。若是需要水溶解，可以加上水用，等妆容溶解以后再用卸妆棉擦干净。

Step2 最后再用卸妆水浸湿化妆棉来一个彻底清洁，这里大家也可以用洗面奶来一个最后的清洁。

Step3 卸完妆以后就是大家的护肤时间了，不管你是敷面膜还是涂精华液，或者乳液，请记得一定要护肤哦。

Part4 形体篇

做那道投映在波心最美的身影

别忘了关爱你的身体。

你形体的每一个细节,

会泄露岁月留下的一切秘密。

美好挺拔的形体不仅关乎审美,也影响着我们的身体健康。要想在任何时候都美成一幅画,我们必须了解自己,必须对形体美的标准有完整的认识,通过日常的训练和坚持,纠正自己常见的体态错误,养成良好的习惯。这个章节便是从肩颈、腰背、手臂以及饮食习惯等方面,整理出一整套最实用有效的训练方法,让我们在日常坚持中,获得挺拔苗条的身型。

对自己越狠的女人，活得越高级

你身边，有没有这样的女人，明明衣食无忧，却非要自食其力；明明家底雄厚，却非要独自努力；明明被人宠爱，却依旧辛苦卖力。

我见过这样的女人。有一次，约了一位 50 多岁的大姐喝茶。在那之前我们从来没有见过面，但我心里已经不自觉地把她归类为广场舞大妈的模样。

所以，在看到她穿着得体旗袍，身姿绰约的模样时，惊得下巴都快掉下来。

原来，50 多岁的女人也可以这么美。

那天我们只花了 10 多分钟聊业务的事儿。她很内行地提出需要了解的信息和程序，一点废话也没有，让我惊讶她对这行的了解，而且提的问题都在点上。

大姐笑了，说她来之前就查阅了资料，把需要了解的几个关键问题都罗列出来了。"你给我准确的回答，如果都满足我的需求就可以了，这样大家都省事。"

中间服务员过来添了几次水，她都是面目含笑地对那个小姑娘表示感谢，用眼睛看着人家，真诚而舒适。

回来的路上我心里感慨万千：一个十年如一日保持好自己身材和皮

肤、拥有旺盛的精力和敏捷的工作能力的女人，她的生活状态和质量也比一般的人会更好。因为这需要卓越的自我修养和约束力。

有人会质疑，女人真的有必要对自己这么狠吗？找一个人依靠不是比自己拼死拼活要好吗？但其实，对自己狠、自律自强的女人，不是为了追名逐利，而是为了让自己活得更有尊严、更有价值、更有意义。

随着时间的流逝，你们会发现，活得最美的女人，不是年轻时拥有极好身材、容貌多俊美的姑娘，而是从年轻自律到老的女人。

她们敢于克服女性身上的弱点，创造属于生命的精彩。这样的女性，多半具有以下特点：

1. 非常自律，懂得做好自我管理

但凡能够活得高级的女人，身上有一个特质必然就是非常自律。自律严格意义上来说就是管理好自己。乔布斯曾说，自由从何而来？从自信来，而自信则是从自律而来！先学会克制自己，用严格的日程表控制生活，才能在这种自律中不断磨炼出自信。

当一个女人愿意为了某种生活，严格管理好自己的欲望，生活必然也会更为自由。

2. 非常主动，创造属于自己人生

活得高级的女人，并不是随波逐流的人。相反，她们是生活中的主动者与创造者。她们很少等待别人的施舍，而是努力与坚持自己所思所想，去创造属于自己的人生。

3. 非常地坚韧，内心很强大

没有谁的人生是一帆风顺的，没有谁的人生是简单而容易的。成年人都是负重前行，而活得高级的女人，也是如此。

她们的关键在于非常坚韧、认真地活着，她们的内心往往非常强大。

曾经以为女人长得美是一种优势，后来发现对自己狠心自律的女人，其实活得最美。一个女人，想要活得美丽，收获更多幸福，成为人生赢家，首先得敢对自己下狠心。因为唯有对自己狠一点，收获的幸福才会更稳一点。

所以，你走好赢得人生的第一步了吗？

拒绝头前引，保护好我们的"灵魂线"

优雅的颈项是一种美的资本。在形体老师的概念里，有三点一线的认知，意思是脖子、脚腕与爱欲私处的三点一线。女人的高贵源自气质，她们宁静、骄傲、消瘦、高挑，乳房精致，腿肚和脚脖子具有美妙优雅的曲线，还有弯腰、转身等细微动作似乎都无意间自有章法，这些宝物，既是天生的原创，又有后天的自我完善成分，三点一线的身体修养会让女人成为高傲的一族。

而其中的颈项，是一个最能体现女人美的部位，修长挺拔的天鹅颈不仅能助阵你成为天然衣架子，还能让你气质超群。女人完美的肩颈线，会为每一次造型加分。

但是像"乌龟颈、溜肩、高低肩"这些肩颈线问题，却是困扰大部分女性朋友的问题，会令美感大大减分！

如何保护好我们"灵魂线"？

想要脖颈变得细长其实非常简单，也不用到健身房专门练习，工作不忙的时候、学习累了的时候，或者在家里吃完晚饭看视频的时候，都是给脖子减负的好时候。把下边几个动作认认真真每天做，效果非常显著。

动作一

1. 双手合掌在胸前；

2. 头部向左 / 右旋转；

3. 头部旋转同时，手向对侧方向移动，让对侧脖颈有拉扯感；

4. 反复循环。

左右两侧算 1 次。

20 次一组，一共做 3 组。

注意：做的时候不要耸肩，动作放慢，手移动和头部旋转时，可以感觉到的是，耳后到肩膀这一部分的肌肉有拉扯感。

动作二

1. 右手自然下垂；

2. 左手上抬，轻按住右侧太阳穴，将头部慢慢地向左用力；

3. 下放后，换对侧动作；

4. 左右交替反复循环。

左右两侧算 1 次。

20 次一组，一共做 3 组。

注意：做的时候不要耸肩，头部向左压时，颈部右前侧就会有拉伸感，反之亦然。下压时不要用力过大，造成不适，轻柔的自我感觉舒适的力道即可。

动作三

1. 双手在颈后十指交扣，后脑勺向后轻推双手；

2. 手肘同时向后展开；

3. 循环反复。

20 次一组，一共做 3 组。

注意：做的时候不要驼背，上身呈一条直线，肩膀不要耸起，感受到下沉的状态，应该是感受到颈部肌肉发力。

动作四

1. 左臂上举，至耳边后，肘关节折叠到最大的幅度；

2. 右手扶住左手肘关节，向右后方慢慢下压；

3. 换至右臂上举，做同样的动作；

4. 反复循环。

20 次一组，一共做 3 组。

注意：做的时候可以感受到折叠肘关节的那只手，大臂后侧有牵拉感。做的时候，手部不要过度用力，而是先弯曲肘关节，再慢慢地压住，让折叠肘关节的手臂下压，脖颈可以轻轻地后压，协助。下压时不要用力过大造成不适，感觉舒适的力道即可。

上面的几个动作一定要坚持每天练习，刚开始做的话会非常累，坚持一下，习惯了这个练习强度到后面就会容易很多，效果慢慢就出来了。

腰线，女人美的底线

女人对美的极致渴望，对自我的至高要求，就在腰部的方寸之间。

盈盈一握的纤腰是捕捉男人灵魂的网，是衡量女性形象美的重要标准之一，自古以来，不知多少文人墨客为它写下过动人的诗篇。它是身体曲线美的关键，是女性骄傲的资本，也是造物之美的体现。

细软的腰身往往能恰到好处地展现女人味。即使胸不够丰满，臀不够翘，视觉上仍给人曲线玲珑、峰峦起伏的美感，反之，就会显得粗笨。

正常情况下，腰围与臀围的比率约为 0.72，如果比率低于这个数字，就属于标准的梨形身材，如果比率高于这个数字，即为苹果形身材，甚至变成"水桶腰"。

但我们的腰也是一个特别容易堆积脂肪的部位，尤其是经常在办公室久坐或者吃完饭就躺着，很容易留下赘肉。假如你还是个爱吃零食和甜品的姑娘，你简直"完了"，因为这两样是最容易发胖的东西，血糖会急速上升导致胰岛素大量分泌，糖分会迅速转化成脂肪堆积在腹部上。

如何保持紧致的腰线？这些年我的腰身围度几乎没有变过，一直保持在理想的范围内，主要是做到了以下几点，大家可以试一下。

1. 饮食以高蛋白质、低碳水为主。

2. 不吃高脂肪和高热量食物，戒掉零食和所有碳酸饮料。

3. 每天大量饮水，适当加餐，坚持少吃多餐的原则。

4. 每天慢跑或者快走 30 分钟。

5. 晚餐不吃或者少吃碳水化合物，这个非常管用，一个月后小腹就非常平坦。

6. 合理睡眠，保证休息，不熬夜。

小贴士

呼吸练侧腹肌

1. 放松全身，用鼻吸进大量空气，再用嘴慢慢吐气，吐出约 7 成后，屏住呼吸。

2. 缩起小腹，气上升到胸口上方，再鼓起腹部将气降到腹部。

3. 将气提到胸口，降到腹部，再慢慢用嘴吐气，重复做5次，共做2组。

转身练内外斜肌

1. 左脚站立，提起右脚，双手握着用力扭转身体，左手肘碰右膝。

2. 左右交替进行 20 次。

简单收腹运动

这个运动虽然简单，但非常有效，躺在地上伸直双脚然后提升，放回，不要接触地面，重复做 15 次。

运动密度：每日 3~4 次，每次 15 下。

仰卧起坐练正腹肌

1. 膝盖屈曲成 60°，用枕头垫脚。

2. 右手搭左膝，同时抬起身到肩膀离地，做 10 次，然后换手再做 10 次。

从"蝴蝶臂"到"天鹅臂"，
你只需要这么做

百花丛中，一只"孔雀"在细细梳妆，时而啄啄鲜艳的羽毛，时而坐在草丛中休息。那天籁之音静得没有一丝波澜，安详柔和，伴随着杨丽萍老师柔韧的舞姿，使人心旷神怡。看啊，她蹲坐在舞台上，宽大的裙子铺成了一个圆，她低着头，纤细的手臂颤动着，一直传到指尖，妙不可言……

我相信，每一个看过杨丽萍老师舞蹈的人，都会对她那一对纤长灵活的玉臂终身难忘，孔雀的一次眨眼，一丝笑意都被她的双臂表现得淋漓尽致。

人的皮囊，终究敌不过岁月，但气质可以。而手臂作为女人气质的一部分，更是至关重要。如何让自己拥有一对紧致纤长的双臂呢？您只需要做到以下几组天鹅臂练习，就能轻松获得这种美丽。

天鹅臂作为一种动作，优美、典雅，如同舞蹈一般，可以帮助胳膊变得纤细、灵活而有力，这样的气质，可以跟随爱美者一生。它起源于芭蕾的天鹅臂，在练习时要求舞者必须姿态挺拔，因此可以纠正哈腰、驼背、颈部前倾等问题，纠正错误体态。

Step1 上下划动胳膊：打开双肩，抬头挺胸，两条手臂像翅膀一样上下摆动，注意要将双臂抬到肩部上方才能落下，过低达不到锻炼的效果。保持呼吸均匀。4 节一组。

Step2 向上划动胳膊，双手向外推：双臂高举要过头顶，由内向外做延展动作。4 节一组。

Step3 向两边伸展胳膊：将双臂伸展至与肩同高，双臂尽力往外伸展。4 节一组。

Step4 向上划四下：双臂抬高举过头顶，向上由内向外划动。4 节一组。

Step5 向下划四下：双臂微微张开，由前向后划动，肩胛骨向后，尽量打开双肩。4 节一组。

Step6 双手画圈圈：双臂在胸前较大幅度画圈圈，脊椎挺直。4 节一组。

Step7 大幅度上下划动双臂：将双臂高高抬起，双手碰到一起再落下，下落缓慢。4 节一组。

Step8 微微侧身，双臂与地面呈 45° 角划动：以腰为折点身体微微弯曲，双臂由内向外伸展保持平衡。4 节一组。

Step9 反方向再来一遍。

小贴士

1.肩胛骨往后，打开胸腔，脖子向上伸，全程收腹。

2.双肩自然下沉不要耸起，否则会把脖子练粗。做累了就先休息一下，不要耸肩坚持做，不然会起反作用。

3.盆骨不要前倾，腰不要塌着，收紧臀部。

每个动作都是4节一组，每天至少一组。有很多朋友练了几分钟就累了，累了适当休息一下，不要用蛮力，不然适得其反，但要坚持每天都练才会有成效。

每天花 10 小时毁容，你的丑跟胖没关系

您有没有过这种体会，和朋友差不多的身高，走路时总觉得矮了半个头？别人穿着高跟鞋可以气质爆表，自己穿着却是全身不自在？明明是一个优雅的白领，却因为久坐弯腰驼背？

这说明一个女人体态不好，气质不优雅，再多的好衣服、贵鞋子，都是白搭。而造成体态不好的很大一个原因，就是圆肩。这跟我们每天十来个小时坐在办公室用电脑，下班回家还抱着手机不无关系。更扎心的是，圆肩通常还会和脖子前倾、驼背等问题一同出现，形成一个恶性循环，让你形象大打折扣。

而我们身边圆肩的人更是一抓一大把。

低头玩手机；

不正确的坐姿；

久坐不动，长时间对着电脑；

缺乏锻炼；

……

这些不良习惯，都会让身体背、胸等部位的肌肉力量不均衡，有些太紧张，有些太缺乏力量。日积月累，圆肩不请自来。

如何判断自己是否是圆肩？

侧对着镜子自然站直，看看自己耳朵和肩膀中部的连线。正常情况下会是一条垂直的线。如果你是一条斜线的话，就说明存在圆肩问题。线越斜，说明你圆肩程度越严重。圆肩不仅仅让你丑，时间长了，肩颈就会经常酸痛不舒服，关节活动也会受限。

万幸，圆肩这个不良体态，还有得救！

如何纠正圆肩？

要从两方面入手：

1. 拉伸胸部肌肉，使其放松。

2. 加强后肩部肌肉。

注意哦，对于改善驼背与圆肩，虽然拉伸胸部与加强后肩都要做，但是拉伸胸部比加强后肩部更重要。因为论肌肉大小，胸部几乎是后肩部的 4 倍以上——指望后肩部力量赶上胸部，这几乎是不可能的。所以要拉伸胸部为主，加强后肩为辅。

怎么拉伸胸部肌肉呢？

找面墙，贴墙站着；

将要拉伸的胸的一侧的手掌，小臂，大臂都贴近墙面；

手腕、手肘和肩关节差不多等高；

以被拉伸一侧的肩关节所在的竖直方向垂线为轴向外转体到没有疼痛感的极限；

目光沿着另一侧肩膀看过去，保持 15 秒，换另一边。

怎么加强后肩部肌肉呢？

扩胸是一个可以加强后肩部肌肉的有效方式。

起始时虎口相对；

手腕、手肘与肩等高；

手肘伸直但不锁死；

向外扩胸，直到大臂与身体平行；

动作末尾，感到肩胛骨夹紧；

主要发力肌肉在于后肩部，而不是手臂。

后肩部也就是上背部，其他很多动作也可以加强后肩，这里只是举了扩胸作为例子。

每天 1 分钟，改善圆肩与驼背：15 秒左胸拉伸，之后 15 秒右胸拉伸以放松胸部；接着扩胸 10~12 次加强后肩部肌肉。如果有时间，胸部拉伸可以做 2~4 组。

一个人走路的时候，背影要美

一片光洁挺拔的腰背，完美诠释了"意想不到的风景在转身之后"这句话。

其实除了脸以外，身体很多其他方面的美也很重要，比如背部，有句话叫"背厚三分，显老十岁"，背厚会让人充满妇女感，背好不好看也能直接影响颜值。有着纤瘦背部完美的弧度和曲线，可以说比丰满的胸部和挺翘的臀部来得更诱人，参加聚会的时候穿上一袭露背人鱼长裙，你会是最闪亮的星。

然而很多女性朋友正面看是娇小女生一枚，但背面一看就被粗壮的后背惊呆了，后背肉多会显得整个人虎背熊腰，毫无身材可言。关于背部的问题，我们要清楚背为什么会厚？背厚怎么办？怎样才能拥有美背？

你的背为什么不美？

其实背不好看，很大一部分原因就是背厚，而有些人背厚是因为先天的原因，骨架大上身容易胖，总是显得虎背熊腰的。

当然背厚最主要也是因为胖，假如背部肌肉松弛下垂，必然导致了背部赘肉太多，再加上很多女性发胖后伴随手臂粗，也会更加显得肩宽背厚。

肩胛骨肉多也会显背厚。

在我们背部靠近腋下的地方有两块肌肉，它们的学名叫"小圆肌"和"大圆肌"。这里的肌肉平时不怎么用到，也很少专门去进行锻炼，如果平时不注意体态，就很容易囤积脂肪产生赘肉。这里的脂肪一旦囤积起来，就会大大减弱背部整体的线条，赘肉突出明显，影响美观。

不过背想要好看，太瘦也不好，没有紧实的肌肉线条的背看起来也并不好看，不仅显得瘦骨嶙峋，骨头凸起也不好看。真正的美背，是骨肉均匀的状态。

美背是练出来的

想要拥有美背，无非减肥 + 端正体态 + 锻炼背部肌肉。

减肥就不多说了，女性朋友们可以摸摸自己背和手臂上的肉，一捏一大坨软软的肉的话，那你就可以自觉减肥去了。

因为你的背不好看，完全就是因为胖！

而端正体态就是改善驼背、打开肩膀这些，最好的方法也最简单，那就是贴墙站。

贴墙站对于改善体态是非常有效果的，而且也可以让你知道自己的骨骼状态，但值得要注意的是，姿势正确是有效果的前提。

最常见的错误就是肩膀没有打开或者肩膀耸立、挺胸过度，所以在站的时候可以试试手背贴墙，肩膀会自然张开贴近墙，而且背和墙的距离伸进去一个半手掌的距离就差不多了。

除了靠墙站，大家平时也可以多做几组这个扩胸动作，能够矫正胸椎，打开两肩，改善体态。

除了体态，背部线体也是需要背部肌肉紧实才能形成，而练背部肌肉其实也是可以通过一些简单的动作达到目的。

比如倒飞式，不仅能锻炼背部，还可以锻炼手臂，没有哑铃的姐妹也可以用矿泉水代替，操作方便，动作简单。

站立姿势，双腿打开与肩同宽。

附身向前，让上半身与地面平行，腰背打直。

双臂负重，向两侧打开，重复 5~10 次。

刚开始练习背部肌肉，不要做太复杂的训练，否则很难坚持下去，所以大家可以先慢慢尝试每天坚持做几组这个动作，让身体先适应一下这样的动作。相信坚持下去会有令人欣喜的成效。

女神，拍照姿势不能输

拍照是每个女人的天性，照片是我们一生中最宝贵的财富，记录了我们在不同时光里最美的样子。生活中有很多女性朋友都喜欢拍照，可自己的照片怎么也比不上别人的。明明有些人长得根本没你好看，可照片中的她却比你美多了。

这是为什么呢？那是因为你还没有掌握拍照的秘诀。今天就来给大家传授一下秘诀，让你不用 PS 也能拍出模特般的效果！

其实，很多女性拍照不会摆姿势，最主要还是因为：

1. 没有了解自己漂亮的点在哪里。

2. 在镜头面前无法找到自己真正舒服又美丽的状态。

3. 你没有 360° 无死角的美。

4. 摄影师没抓到你的好表情和好角度。

为什么大部分人手机自拍能拍出好照片？就是因为自己能找到自己的好表情、好角度。而大多数人不是专业模特出身，没那么多时间和空闲对镜练表情和动作；也不是每个人都有摄影师好友常伴身边，能抓到你的好表情、好角度。

所以，我们首先还是要了解自己。

多尝试各种各样的角度和风格，清楚自己嘴角微笑的弧度，还有大笑的模样，甚至哪一边脸好看，哪一个部位好看，这样在拍照的时候，我们就可以突出好看的部分，掩盖不好看的部分。

接着就是练习出镜头感。

首先要知道自己拍出来到底是什么样子，这样才能更好地了解到自己的优缺点，进而找到适合自己的镜头感。等我们真正与镜头熟悉了之后，就算你发呆、放空，也会有好看的照片被拍摄出来。

下面举几个例子：

【初级阶段】几个方法

（1）闭眼

眼神真的很重要，刚开始拍照的时候，眼神都是比较生硬的，所以试试闭眼吧。

比如，在公交车上，没人的时候就让朋友坐在你对面，让你的身体自然依靠在车厢，做出放松的姿势，闭眼弄一下头发，拍出来也不错，长发的话更添风情。

近视的女性朋友有个死穴，就是总觉得眼睛没神儿，拍照的时候睁不开眼睛，这个时候用闭眼这个姿势，说不定更有意境哦！

（2）抓拍

抓拍的话能避免僵硬的表情，还有想要凹造型而显得太过的姿势和表情。但是抓拍容易出现大量废片，所以尽量多拍一些，从中挑选更好的。

另外，在拍照时可以选择看书、吹泡泡、抓蝴蝶之类，并利用好自然光。大自然所赋予的景色是最美的，利用好了阳光，含情脉脉地拍一张，这样的照片肯定不会差。总之让自己沉浸于自然中，认认真真玩个什么东西，就一定能抓拍到好看的照片。

（3）回眸

回眸一笑百媚生，不倾国来也倾城。随意往前走，挥一下衣袖，然后朝镜头猛地一回头，大片就有了！

（4）低头浅笑

适用于不自信的姑娘，可以微微低头拍哦，但是也不能面无表情地低下头，给个微笑包你满意。

【中级阶段】和景物互动

当我们表情自然一点，动作没那么僵之后，就尽情地与景物互动吧。这个时候要想想自己是要什么风格，可爱、清新、复古、还是酷？可以为自己和要互动的景物，设定一个场景或者故事。

窗户其实是最自然的画框，惬意的午后、随意的摆姿，便能拍出一张意境十足、景美人也美的照片。

老屋的门、教堂的门，甚至平常家院子的大门，都可以是一个很好的背景，来衬托你洒脱不羁的气质。

走在大街上，不难发现很多奇奇怪怪、很有特色的墙壁，靠上去并呈上自己搞怪或者精致的小表情，出来的照片绝对美美的！

【高级阶段】

简而言之就一个词，自然。当我们面对镜头，就像看着镜子里面的自己一般轻松自在时，就是发呆、放空、傻笑或者不动，都是很美的。

自然的最高境是你拍照时的心情，决定了你照片中所表达的情绪。对于一个不擅长表演的人来说，伪装是下策。你喜欢的照片，总是那些流露你当时真实情感的。记录真实，本来就是拍照的要义所在。

其实拍照不用刻意摆造型，自然最好。最好是忘记自己在拍照，而是去想，我现在要记录的是我真实的状态，而不是带着面具的虚伪的自己。

不会摆造型那就别摆了，尽情地做自己，然后让摄影师记录最真实的自己，之后你再翻看这些照片，都是精彩的瞬间，感动满满，瞬间最真实的自己。

你胃里面装的都是脸上的明天

曾经在咖啡馆听到一对年轻的小闺密在聊天，有个女孩提到会愿意花大价钱买昂贵的护肤品、漂亮的衣服鞋子，却在吃上很小气，甚至认为从嘴里扣下钱还能避免自己发胖。我忍不住回头多看了一眼那个女孩，二十出头的年纪，脸色却发黄、晦暗无光，全无青春期少女该有的饱满和水灵。

而这样的人，在我们身边真不是少数：

早上为了赶时间，在路边早餐店随意地点了一份早餐，边吃边赶向即将到站的公交车；

晚上下班回到家，只一心挂念着昨晚刚更新完的电视剧，可能连自己吃的什么都不知道；

好不容易熬到周末休息，早晨睁开眼睛的时候，手机已经显示 10 点多了，索性早餐、午餐一并解决了。

也许你想要提高工作效率，得到老板的赏识；

也许你想穿好看的裙子站在自己心爱的男孩子面前，得到他的青睐；

也许你有无法推脱的应酬，想拿到客户的订单；

也许你还有一百个不好好吃饭的理由，但是亲爱的我想对你说的是，我们的胃里装着脸上的明天，不吃好饭会变丑的，全世界都在惩罚不好好吃饭的人。

更何况，作为成年人的我们，面对艰难的工作、繁重的任务、巨大的压力，唯有好好吃饭，才能打起十二分的精神，充沛地去做事。

关于如何好好吃饭才能更健康，我有一些小小的心得，希望和大家分享：

1. 要吃肉，吃优质的肉

瘦和吃素绝不是画等号的，吃肉可以获得非常优质的动物蛋白质，蛋白质到底有多重要，应该不用多说，对于想保持身材、维持健康的人来说，蛋白质的存在仿佛是救命稻草，一个健康的成年人应该每天摄入不同类型的蛋白质，包括动物蛋白和植物蛋白，这样其中的氨基酸就可以互相补充。

优质的动物蛋白包括：牛肉、鸡肉、鸡蛋和三文鱼等海鲜。

优质的植物蛋白包括：乳制品、豆制品、坚果等。

2. 碳水化合物不可缺失，但要取之有道

碳水化合物就像"魔鬼中的天使"，减肥人士很害怕它，但它是为人体供应能量的主要途径，要想深入探究，可能几篇文章都说不完，简单归纳一下：碳水并不简单等同于糖，我们每天需要摄入大于 100 克的碳水保持能量，但要选择升糖指数 (GI) 低的食物：

高 GI 食物：精米面类 (米饭、馒头、面条等)、含糖饮料、白砂糖。

低 GI 食物：藜麦、各种蔬菜、豆制品、莓果类、低脂乳制品。

3. 尽量避免精糖的摄入，多吃鲜果

吃糖过多会导致早衰，皮肤差、高血压、糖尿病、心脏病等很多疾病，这都是肯定的。但是糖分是维持人体正常运行的重要成分，而且它会给人带来愉悦感和能量，所以我们所说的戒糖，主要是戒掉精制糖，尽量

从新鲜水果中获取新鲜的果糖。

含精制糖的食物：精面面包、奶茶、白砂糖、绵白糖等。

含糖低的水果：橙子、奇异果、草莓、柠檬、柚子、苹果等。

4. 多吃莓果类的食物，益处多到你想不到

草莓、蓝莓、蔓越莓、树莓……它们可不只是酸酸甜甜，莓果类水果营养价值非常高，值得每天食用。它们富含丰富的 VC、类黄酮等抗氧化物质以及丰富果胶，美容养颜，改善便秘，还有助于防止高血脂和心脏病，同时能帮助排除体内毒素及多余脂肪，对减肥很有帮助！

5. 对心中的理想生活、理想身材有明确的目标

每个人都是独立的个体，对理想生活和想达到的身材标准都不一样，千万不要盲目追求"瘦即是美"，没有健康，何谈美？由内而外的健康，才是最美的。最好家中备个体脂称，充分了解自己的身体情况，有个明确的目标，相比"誓做美女不过百"，不如"体脂率达到 20%"这种更科学。

黄碧云曾说："如果有一天，我们湮没在人潮之中，庸碌一生，那是因为我们没有努力要活得丰盛。"答应我，做一个热爱生活的人，余生好好吃饭，好好生活。即使是一个人，也善待自己的胃。因为"一人食"吃的是一种态度，一种自由自在、安静享受自我、不负时光、不负美食、不负自己的生活态度。

Part5 情商篇

比聪慧更美的是真实的善良

修炼情商，
最该练的不是嘴，
而是心。

情商高成了对现代女性的另一种高级赞美。但它并不意味着八面玲珑、情绪稳定或者人好话甜。情商是一门真正高深的学问，这门学问不仅仅只是表面的克制或改造，最重要的核心点是我们发自心底的善良。如何将这种善良合理地运用到我们的爱情、婚姻、家庭以及人际交往中，通过不断训练，将它修炼成最高级的情商？在这章节中，您可以找到答案。

真正的爱，是一场得体的退出（爱情）

鳄鱼法则里面有这样一个观点，假定一只鳄鱼咬住你的脚，如果你试图用手去解救你的脚，鳄鱼便会同时咬住你的脚与手。你越挣扎，被鳄鱼咬住部分就越多，就越会危及你的性命。

因此，万一鳄鱼咬住你的脚，你唯一的办法就是牺牲一只脚。这诚然惨痛，但如果不这么做，可能会搭上性命。放下不是放弃，只有放下该放的，才能看见天地，走得更远。

同样，在一段错误的感情中，放手所有不属于自己的东西，得体地退出，即使不舍甚至痛苦，也好过纠缠。这也是我们每一个女人都应该学会的一种优雅。

很多人会觉得，遇到一个自己爱的人，非常不容易，因此分外珍惜这份爱情。这种想法是对的，但是有的爱情，一味艰难地维持下去其实是一种错误。

看过这样一个故事，一个卖瓷碗的老人挑着扁担在路上走着，突然一个瓷碗掉到地上摔碎了，但是老人头也不回继续向前走。

路人看到很奇怪，便问："为什么你的碗摔碎了你却不看一下呢？"

老人答道："我再怎么回头看，碗也是碎的。"

学着接受，学着放下失去的东西，才是一个人最高级的活法。

所以说，恋爱的时候，就要懂得珍惜，分手了之后，就不要继续纠缠。不管是以什么方式分手，分手就是分手，不要走回头路了。这时候彼此都有了自己的生活，那就别再互相打扰。

得体地退出这份感情，退出这份关系，就意味着对以往的美好和不堪都保持沉默，悉心收拾好自己。

若是分手后对前任差评不断，到处抹黑前任，到处宣扬前任的渣，那我们所有的美好都会在唾沫横飞中烟消云散。

因为无法释怀曾经的喜欢变成了怨恨，曾经的美好分崩离析，曾经所有的在意变成了恶意，于是你选择了错误的方式，一而再再而三地消耗彼此。说到底，和过去纠缠，其实是对自己的一种惩罚。

罗曼·罗兰说过："不要为过去的时间叹息，我们在人生的道路上，最好的办法是向前看，不要回头。"

原因无它，如果你执着于不必要的执念，你的步子就会越走越沉，人生也会越走越窄。渐行渐远是成年人的默契，只有小孩子才会哭闹："你为什么离开我？为什么不要我了？"

分手也要仔细自考

1. 选择合适的时间和地点

无论如何避免在节假日或生日、恋爱纪念日之类特殊的日子提出分手，否则之后每年的那个日子，你的前男/女友都会想起你的不体贴。

越私人的场合越好。无论如何避免在以下场合分手：办公室/别人的婚礼上/车里/学校/餐厅或夜店。

2. 当面提分手

不少姑娘跟我讲，当面讲分手是不是太残忍了。其实不然，我们只是让感情从何处开始就从何处结束。

不然你总会挂念着，这么轻描淡写地离开会不会有必有归期的复合，断了就断了，别给自己留不该有的念想。

我们总在思考着一种感情里的仪式感，这种仪式感让我们的感情不再那么草率，不再那么随意开始又随意结束。

"所以，给我一个和你道别的机会吧。"

"就当是，和还活在旧爱里的我说再见。"

3. 不要刻薄

在感情世界里，没人喜欢被甩，劳燕分飞之时，每个人都想知道真相。即使你不再爱对方了，请不要指责对方的缺点，发泄自己的不满，这样也是善待曾经深爱着的他的你。

消极的姿态是没有意义的。在分手当中尽可能保持礼貌，即使真的恨对方，也要保持风度。事后你会为自己这样做了而庆幸。

4. 要有礼貌

任何时候，不要跟对方对骂，不要让自己成为撒泼打滚的怨妇。有些人不善于处理被甩的情况。他们会大吼、大叫、大哭。但这并不意味着你需要对他们的崩溃做出同样激烈的回应。忽略对方的吼叫，任何情况下保持礼貌、诚实、体贴，倾听对方的诉说并用合适的方式回应。

感情没有对和错，已经决定分手，那么体面分手就是彼此双方在这段感情里的最后一份责任了。这样既不愧对曾经心心念念深爱过的人，也是给双方一个重新开始的机会。

如何做才能从一段感情里尽快走出来呢？

首先，你要接受分手的这个事实，并全心全意充实自己的生活，地球没了谁，照样会转的。

其次，找一个对自己真心的人，毕竟新欢是走出旧爱的最快方式。

最后，也是最重要的，你要重建自己的心态，成为更好的自己。

离开，原本就是爱情与人生的常态。

那些痛苦增加了你生命的厚度。有一天，当你也可以微笑地转身，你就会知道，自己已经不一样了！爱情终究是一种缘分，经营不来。我们唯一可以经营的，只有自己。学会得体地退出，是我们人生必须经历的课程。

家庭关系，是女人的修道场（婚姻）

弗洛伊德曾说过：爱情和工作，是人生中最重要的两件事。

生在这个时代，爱情和工作是我们每个人的权利和机会，因此女性从家庭走向职场开始，就不得不面对一个问题：如何平衡家庭和事业？

其实这个问题的本质是事业和家庭哪一个更重要？在我们的传统意识里，事业为重仍然是男人的事情，一个女人还是应该以家庭为重。

但是对于现代女性来说，不论是职场妈妈，还是全职妈妈，不管如何选择，总会有人指责。当全职妈妈，会有人说你有手有脚、有学历、有文化，怎么好意思年纪轻轻就放弃了自我，不工作在家靠老公养。选职场妈妈，又会有人说，一个女人那么拼干什么，难道你对老公和孩子不会有亏欠吗？工作再努力也只是一个不合格的妈妈。

电影《未生》里就有一句台词：职场妈妈就是罪人，在家对婆婆、对孩子是罪人，在公司对老板是罪人。事实上，对女人来说并没有绝对的平衡，要么在职场叱咤风云，要么安心陪伴孩子岁月静好，这样的人生选择都很好。最怕的就是我们选了这个，懊悔那个，从来都是患得患失，以至于什么都做不好。

人生并不是一维空间，需要在很多维度上平衡。我们没办法保持绝对平衡，却能让自己的工作和生活处于相对平衡的状态。

不是拥有成功事业就必然会成为幸福女人，也不是拥有成功婚姻就必然会成为幸福女人。但一个快乐和谐的家庭，必定是一个女人幸福的源泉。

那么聪明的女人会怎么经营自己的家庭关系呢？

1. 通达人情世故

每个家庭都有自己的生活习惯和思维方式，妻子需要经过一段时间才能适应，因此在对待丈夫的亲戚和家人时，必须懂得人情世故，做到礼仪待人，有条不紊。

2. 不在公婆面前说爱人的坏话

父母都有护短的心理，自己可以责骂但不准许别人讲自己孩子的坏话。

女人也不要在自己的父母面前抱怨丈夫，出于爱自己女儿的心理，父母很可能对女婿不满，这种情绪会影响两家人之间的关系。

3. 不在双方父母面前说是非

即使是无心抱怨，也可能影响两个家庭的关系，聪明的女人不会这样做。

自己在父母面前说的关于公婆的话，会直接影响自己的父母对他们的印象，即使你是无意之中泄露的，而疼爱你的父母仍然会记在心里。

4. 做一个倾听者而不是长舌妇

在大家庭中，难免会有各种各样的矛盾。妯娌之间的不和、姑嫂之间的不睦，或者是别人在你面前抱怨某人如何给她"穿小鞋"等，这个时候，千万不要把这些话告诉当事人。

就把这当作是无聊的谈话，左耳进右耳出就可以了，而不是四处嚼舌根，更忌讳搬弄是非。

5. 培养开阔的心胸

小心眼的人容易钻牛角尖，不但爱在小事上斤斤计较，而且处处想着沾光。

很多时候妯娌之间、姑嫂之间、晚辈和长辈之间之所以发生争执，多是因为太计较。

要知道，家庭关系中最忌讳的是相互计较，而最可贵的是心胸宽广，因此，聪明的女人都懂得培养自己开阔的心胸来处理这些关系。

6. 相互尊重

尊重是我国的文化传统，自古以来，对外人、陌生人我们讲究尊重，对待长辈、妻子、孩子也是一样，因为每个人都是一个独立的人格，所以不管什么关系都需要维持尊重，这是最基本的，大部分家庭都能很好地做好这一点。

7. 沟通

沟通是我们与生俱来的天赋，很多家庭产生矛盾多是因为缺少沟通导致彼此相互不信任、有怨言，多沟通，多和家里人说说心里话。没有什么事情是耐心沟通解决不了的，冷战和热战都是无用的难道你们以后就真的老死不相往来了吗？

最后，我想跟女性朋友们说的是，我们不需要问事业和家庭哪个更重要、如何平衡家庭和事业，要问自己，我是否找到内心的平衡，如果我们能够有平衡的内心，我们就能拥有成功的事业和幸福的家庭。

高质量的陪伴，是看得见

有这样一个令人心酸的小故事：小约翰的爸爸妈妈整天忙于工作——制作面具，而没有时间陪伴他，陪伴他的只有旺旺狗阿布。小约翰理所当然地以为，爸爸妈妈最喜欢的是面具，而不是他。所以他把面具戴在自己头上，觉得只有这样才能获得爸爸妈妈的爱……

孩子对爱的希求，不仅仅只是在故事中，也常常出现在我们生活中。

《穷爸爸，富爸爸》有句话："所谓成功，就是有时间照顾自己的小孩。"这种"照顾"，简而言之就是陪伴。幸福的关键，不在于陪伴时间多寡，而是陪伴质量高低。

但现实生活中，陪伴为何那么难？

现代的年轻父母，有着自己的难题：

他们是在"飘"的父母：和父母、和爱人、和孩子，经常两地甚至三地分居。

他们是在路上的父母：因为工作，他们总是在路上。

他们是"421"的父母：四个老人、一对夫妻、一个孩子。

他们是巨婴父母：做为独生子女，他们在被宠溺的家庭里成为巨婴，在物质和精神上依赖父母。而巨婴，又该如何面对孩子？

他们是网络父母：现代的工作和生活，已经离不开网络。

信息越来越多，世界越来越小，陪伴和沟通却越来越少。

孩子小的时候，是一块可塑的橡皮泥。这是父母对孩子教育的黄金时间。等他变成了青少年，教育的有效期限就要到了。有多少人事业上获得巨大的成功，让人艳羡，但亲子、家人之间感情的淡漠，却让人生的光华黯然失色。

孩子的成长转瞬即逝，不要忽略掉陪伴的时光。

那么，怎样陪孩子才算得上是高质量的陪伴呢？陪伴孩子又要怎样做才有效呢？我们可从以下几个方面去做：

1. 陪伴孩子时要全心全意

陪伴孩子时，父母切不可惦记工作和家务活，更不能一边陪孩子，一边玩手机，这样的陪伴会让孩子认为你不在乎他，只是在敷衍他，从而失去了陪伴的意义。前些日子，我在陪伴孩子时，因为还有些工作没有完成，我就一边用手机处理相关工作，一边陪孩子，结果孩子不高兴了，说不要我陪了。本来和孩子在一起的时间就少，还惹得他不高兴。因此，我向孩子承诺，在陪伴他的时候，就不能玩手机，全身心地陪伴他。

2. 陪伴方式要多元化

有时过分单调的陪伴，也会让陪伴无趣，甚至让孩子反感，觉得还没有他一个人快乐。所以，我们父母也需要加强学习，可以提前在网上学习一些有趣的亲子游戏，比如和孩子共读一本书，或者和孩子玩玩折纸、积木、飞行棋等简单又容易操作的小游戏。

这样，既能使陪伴方式更加丰富、更加有趣，也可以在游戏过程中，教孩子正确面对赢与输。

3. 避免过多地干涉

有位朋友，和我聊天的时候，她总会说："带孩子很烦，陪他们玩是在浪费时间，最主要的是他什么也学不到，总是傻乎乎地玩。"

很多妈妈都生活在焦虑、恐惧、担心中，看到孩子时总觉得自己的孩子有太多的毛病、太多的不完美，总想着在陪伴的过程中想方设法改变他们。

还有的妈妈对孩子过于关注，寸步不离、嘘寒问暖，生怕孩子磕着碰着，这种没有界限感的陪伴，父母觉得累，孩子也觉得烦。

高质量陪伴，需要爱和情感的投入，但过度的重视和过度的控制都是一种溺爱，反而会干扰和拖慢孩子成长的进程。

4. 珍惜陪伴时光

睡觉前的时光，可以给孩子读一读故事，聊一聊心事，给孩子创造一个舒缓、充满温情的睡前时光，让孩子能有一个好心情，睡上一个好觉。正因为注重陪伴孩子，所以虽说与孩子相处时间不多，但孩子却非常理解家长，也成长得非常健康、阳光。

5. 家长的示范效应

除了陪孩子做游戏、亲子共读，还有一种特别的陪伴，同样是一种高质量的亲子相处模式。如家长和孩子在一个空间，但互相独立做自己的工作或看书。如果父母带着轻松愉快的心情做自己的事，孩子也会被这种氛围所影响，感到放松和喜悦。

同时，父母专心做自己的事情，本身就是一种示范效应。看着你如何处理家务、工作，看着你如何对事对人，长大后，孩子不需要任何人教，就已经知道如何待人处事。

光是这两点，就已经为孩子提供了一个非常好的环境。

正如荷兰教育家伯纳德·李维胡德所说："孩子对他周围环境的感知越是无意识，这种感知渗透进灵魂的就越多。"

　　著名作家龙应台曾说过："父母跟食物一样，都是有期限的，然而食物过期可以在买，但孩子的成长只有一次，没有第二。"相信每一个做父母的都不想错过孩子的成长，那么请给孩子真正的陪伴吧！千万不要以为陪在孩子身边就是陪伴，放下手机，丢掉工作上的烦恼，忘记生活的琐事，用心和孩子相处，相信我们做父母的会收获很多……

当心，别把刻薄当幽默

据说秦始皇有一次想把他的范围扩大，大得东到函谷关，西到今天的凤翔和宝鸡。宫中的弄臣优旃说："妙极了！多放些动物在里面吧。要是敌人从东边打过来，只要教麋鹿用角去抵抗，就够了。"秦始皇听了，就把这个计划搁了下来。

从这个故事里面看来，幽默实在是荒谬的解药。假如优旃直言不讳地指出秦始皇的不切实际，一味阻拦他的计划，不但可能惹怒对方，还会招来杀身之祸。

委婉的幽默，是这种情境下最好的方式。

幽默是一种高情商的体现，它来自一个人的学识、经历、生活态度、思维方式等等，跟幽默的人在一起总是舒心快乐的。

什么叫幽默呢？幽默，最高的境界就是自嘲，最忠厚的幽默也是自嘲，最善良的幽默也是自嘲。反之，如果只嘲别人，不嘲自己，那不叫幽默，那叫尖酸刻薄。但很多人分不清它的界限。总有人把自己的毒舌当作是幽默，殊不知，那只是对他人的恶意进行包装的结果。这种专门以伤害别人来获得存在感的行为，我管它叫刻薄。

比如：

这孩子丑得真个性，肯定是你亲生的！

饿啥饿，瞧你那大肠嘴，切下来怕是满满一盘子呢。

咦，这是你女朋友？瞧这大韩民国脸、飞机场，口味真是别致……

怎么样，这些话一定很耳熟吧？

如果说幽默是散播快乐的神器，那刻薄就是散播毒气的恶魔，他们走到哪喷到哪，用自以为是的聪明，来彰显自己的思维敏捷和语不惊人死不休的决心。

其实很多真相我们都知道，并不需要这个世界用善意的谎言粉饰太平。一个对自己有要求的人更不会止步于这种好听的话中。

但是，那种自以为揭露真相，给予打击和压力，没有任何建设性意见的刻薄，我们也不需要。

真性情和伪幽默是两回事。女人的幽默更不同于男人，它更多的是源自女性对生活的感悟和理解，是一点一滴的生活智慧之光，是一种超越机智的处世原则，是一种豁达睿智的人生态度

所以，把握好幽默的尺度，也是爱美的女性该有的修炼。

怎么把握好这个尺度呢？

1. 不挖苦，不嘲笑

喜欢嘲笑别人短处的人，根本原因是内心比较刻薄，不是一个以宽厚慈悲的心面对别人的人。要知道，当别人有苦难的时候，如果用一种刻薄的心去对待别人，自身最终也会拥有刻薄的命运。这不是诅咒，因为性格决定命运。

2. 幽默态度要友善

装腔作势、揭人隐私、笑里藏刀、指桑骂槐、牵强附会、含糊其词、低级庸俗、油腔滑调等，都是说幽默笑话的大忌。幽默的过程，是感情互相交流传递的过程。不能借幽默来对别人冷嘲热讽，发泄内心厌恶和

不满感情，这种玩笑就不能称为幽默，别人一定会认为你不够尊重他人，以后也不会愿意和你继续交往。

3.过火的玩笑开不得

有个人喜欢开玩笑，一天看到男同学夫妻俩在散步，便装作风尘女子打电话给男同学，弄得男同学的妻子误会，大闹一场，后来通过一番解释，这对夫妻才言归于好。开这样的玩笑，既伤害别人，又给人留下轻率的印象，实在无聊。

4.幽默应注意对象

不是什么人都可以说幽默笑话的，要区分不同的性别、身份、地位、阅历、文化素养和性格。一般来说，在熟人之间，说些幽默风趣的话，即使玩笑开得有些过火也无伤大雅，但并不熟识的朋友就一定要注意分寸。

5.幽默要看场合

日常生活中有许多场合可以说幽默的笑话，如盛夏纳凉、乘船候车、月下漫步、课余小憩、酒前宴后闲聊等。但在严肃的场合、庄重的会议、或葬礼等一些场合上则不宜说幽默的笑话。在婚礼的宴席上，可以就新郎新娘的恋爱轶闻说些幽默而带有启示意味的话，但不要以新郎新娘的长相、年龄或隐私等敏感的问题作为笑料来大肆宣扬，那是令人不快的。一旦发现幽默不能令大家高兴，或者没把别人带到愉快的气氛里，你就要收住。

成年人的高配，是懂得控制情绪

你有没有因为深夜情绪发酵做很多后悔的事？

隔一段时间就习惯性崩溃又自愈，一遍遍换头像，发一连串矫情的动态，说很多掏心掏肺的话。有时会控制不住，用坏脾气，用负能量，伤害自己身边的人。有时会冲动地删除一个人，放弃一段感情，辞掉工作……

这些感受是不是最稀疏平常不过了？

我们好像很容易就陷入自己给自己带来的情绪起伏中，随着情绪的大起大落，我们高兴、难过、欣喜、失望，也曾一蹶不振。但一切情绪化的后果，事后都要付出更大的精力去处理，甚至无法弥补，而陷入无穷无尽的恶性循环。

不加控制自己的情绪，肆意泛滥，对人是一种失态、无礼，对己是一种自伤、自害，甚至是一种祸端。生活中，我们每个人都是"踢猫效应"长长链条上的一个环节，都有将不好情绪转移出去的倾向。

当把坏情绪转移给别人时，就是让负能量的辐射范围越来越大，久而久之，就会恶性循环。

能控制自己情绪的人，毫无疑问，他战胜了世间最大的敌人——自己。

这样的情绪稳定，才是一个成年人的高配。如何做一个情绪稳定的成熟女性呢？下面几种方法您可以试一试。

人总有情绪低落的时候，也许因为一个人，也许因为一件事，让人久久不能释怀。情绪的低落，影响生活，也会影响日常的工作学习。当你感觉你正在被一些问题所困扰时，不妨试着照下面的 11 种方法做，也许会有所帮助。

1. 专注于有价值的事情

确定几件你认为一生中最有价值的事情，然后专心去做。

当人处于低潮时，对任何事情都提不起兴趣，总是想着那些伤心的事情。所以，要想摆脱这种情绪，首先应该让自己转移注意力。

2. 坦然接受不能改变的事实

对于某种不能改变的事实，那就坦然地、全心地接受它。

有时候，一些事情是人们无法改变的。既然已经成为事实，不要总想着如何再让它变为虚无，尝试去接受，去面对现实。一个人不可能改变全世界，事物不会因你而改变。我们所能做的，就是适应这个世界。所谓物竞天择，适者生存，想让自己开心，首先就要让自己不那么极端，不去钻牛角尖。

3. 简单而有情趣地生活

不要总是对现在的生活不满，不要总是和别人去攀比。你的生活，应该有你的精彩。有时候，幸福的生活不是用大把的票子堆起来的，而是一颗善待生活的心。

4. 原谅别人就当作原谅自己

宽容是一种美德，是对犯错误的人的救赎，也是对自己心灵的升华。不要总是想着对方如何得罪了你，给你造成了多少损失。想想对方是不是值得要你去如此发火。他是故意的还是无心的？平日待你如何？给对方一个机会，就是给自己一个机会。人总有犯错误的时候，不要过于苛刻。

5. 想改变别人不如先改变自己

有一位印度的老人对他的孙子说："每个人的身体里都有两只狼，它们残酷地、相互地搏杀。一只狼代表你心里的愤怒、嫉妒、骄傲、害怕和耻辱；另一只代表你心中的柔顺、善良、感恩、希望、微笑和爱。"

小男孩急着问："爷爷，哪只狼更厉害？"

爷爷告诉他："你每天喂养的那一只最厉害。"

我们每天喂养自己心中的嫉妒、愤怒，天天抓住自己恨别人、恨自己、恨所有人不放，这只狼就会伤害到你的心。

要学会包容别人的缺点，难道你没有缺点吗？就是你内心的自我圆融，你也要学会包容，你会过得比较舒服。每天与恨、嫉妒交朋友，你就会疯狂。如果你一直想改变别人，那你一定会痛苦不堪。

想改变别人不如先改变自己。不能宽恕众生，你就一定不会原谅自己，最后苦了你自己。人之所以痛苦，是一直在追求错误的东西。

6. 相信人生痛苦和逆境的积极意义

相信任何痛苦和逆境都是有意义的，并且尽量去找出它们的意义。

你现在所受到的痛苦，不是毫无意义的。人生不如意，十之八九。人一辈子会碰上许许多多的痛苦，这是我们无法避免的。痛苦可以让人颓废，也可以激发人的斗志。痛苦磨炼了人的意志，让人们不会轻易地被困难所打倒。

7. 不要求全，部分的美也是美

追求完美的人生，是每个人的梦想。但是，这种完美真的存在吗？我们穷尽一生，只是为了追求那完美的一刻，值得吗？每个人都有缺点，每件事都会有不足。看人看事，先看到其美好的一面，如果你认为这个人值得你去付出，我相信你一定可以容忍对方的缺点。不要把目光总盯在丑恶的方面，那样你永远找不到快乐，永远不会有好的心情。

8. 拒绝并努力排除负面情绪

坚决拒绝让那些毁灭性的负面情绪盘踞心头，如愤恨、忧伤、焦虑、内疚、自怜等。人都是有恶念的，也许只是一瞬间的想法，不必为自己有这种恶念而恐慌。人的思想是复杂的，不是只有善念。有时一些恶念，还可以帮助人发泄心中的不满。比如被人欺负，你可以幻想自己把他痛扁一顿等。这都是可以的，关键是要能控制住自己的恶念，不让它去左右自己的行为。所以恶念不可怕，只要运用得当，反可以帮人疏导压力。

9. 以善良的心态理解生活

对原来引起你某种不良情绪的刺激，试作不同的、善良的解释。

有时候对一件事的理解，会因时间的改变会有不同，当时对你来说很痛苦的一件事，过一段时间之后，你也许会有另一番见地。尝试从不同的角度看问题，你也许会发现，痛苦并不像你想象的那样真实。

10. 顺其自然

这世上的事是做不完的，路也是走不尽的，如果你不能学着与自我和解，如果你不能明白自我放松的重要性，那你一定会活得很累，找不到生活的乐趣。

可能你拼尽全力朝着一个方向努力，到了终点才发现原来是一堵南墙，但在这个路途中，你经历了，其实就成长了。你会明白有些故事注定没结果，你会懂得，坚持也好，放下也罢，人是要靠自己成全自己的。

学会看淡，学会释怀，平和自己的心态，一切都是最好的安排。

11. 享受平凡

不要总是幻想遇到什么新奇的事情。这不是童话的世界。人世间的一切不平凡，最后都要回归平凡，都要用平凡生活来衡量其价值。伟大、精彩、成功都不算什么，只有把平凡的生活真正过好，人生才是圆满。

村上春树《挪威的森林》里的一句话："如果你掉进了黑暗里，你能做的，不过是静心等待，直到你的双眼适应黑暗。"

生活苦吗？没有一种日子是只甜不苦的。

工作委屈吗？没有一份工作是不委屈的。

心累吗？没有一个人的心上是不带伤的。

人生就是挣扎着前进的过程，生活很累，我们无路可退；面对很难，我们避无可避。既然，无路可退，那就迎难而上；既然避无可避，那就正面出击，做一个懂得掌控自己情绪的人。

重要的话，轻声地说

电影《爱在黎明破晓前》里面有这样一个片段，车厢里一对德国夫妇像是不顾他人存在般地争吵。男女主角在旁观这个场景后，忍不住感慨，当你越大声说话时，对方似乎越听不到你在说什么，甚至完全屏蔽掉你的声音。

因为爱，所以耍赖，因为熟悉，所以无忌，我们总是会不由自主地就用最恶劣的态度对待自己最亲近的人。因为爱，所以伤害，因为没有距离，所以就不加修饰，我们总是忘记了那些和你走得最近的人，才最应该好好呵护、好好关爱。

获得奥斯卡最佳剧本奖的电影 Her，背后的故事就是这样的。

这是一个听起来有点荒诞的故事：一个男人爱上了他的电脑系统"萨曼莎"。西奥多是一个在现实中感情非常失败的人，他对妻子有很多不满，而妻子认为他"没有办法处理自己的感情"，两个人对彼此充满了愤怒，最终导致离婚。然后他发现了萨曼莎是一个体贴、时刻有回应、可以理解他的"女人"。西奥多疯狂地爱上了萨曼莎，她永远那么平和、温柔，他一点点的情绪波动，萨曼莎都可以感受到，然后帮他一起去体察，去消解。最后他们没有在一起。因为这样完美的"女人"，同时在跟几千人"恋爱"。

　　这个故事美好的地方在于，电影的最后，西奥多和朋友在天台上望着夜空，回想这段恋爱，内心忽然有了力量和成长。他给前妻写了封邮件，看到了自己在婚姻中的问题：抱歉，为之前的指责和没有成为你期待的样子。但我永远爱你，永远是你的朋友。

　　西奥多因为被萨曼莎温柔对待过、理解过，所以他开始相信，在这段婚姻中，也许并不像之前所认为的那么糟糕，妻子对他的爱和理解，未必就那么少。

　　这就是温柔和理解的力量。

　　当我们需要表达自己，期望对方听到并且给予回应时，并不需要大声、强势地灌输给对方，而是学会"轻声地说"。

　　时间将我们的生活节奏带得越来越快，我们还来不及感受温暖，还来不及享受生活，还来不及肆意年华，我们的演出就已经落幕。

　　但不管什么时候，也许只要一抹微笑、一个拥抱或者一句软话，结局就会大不一样。

　　我们这一代人很少学会不加掩饰地表达爱，也不太懂得用温柔去消解生活中的尖刺，我们需要一点时间去调整过来。尽管生活很凶，但好在你我都愿意温柔，都还愿意赤诚相待。

嘴巴温柔点，世界会更"听话"

不知道你们有没有同感，这几年，说别人"很女人""像个女孩子"好像已经不再是一种赞美了。这一点，看看有多少女孩都在自称"女汉子"，有多少女明星在卖"爷""哥"这种人设就知道了。不知不觉中，明显的女性化特征成为一种负面的形容词，温柔和害羞成了被嘲笑的品质，由此还诞生了"绿茶婊""文艺婊"之类的词，连"娘"这样的词都被用来点评女人穿衣搭配了。

温柔本来是多么可贵的品质。但我们现在却越来越"不敢"温柔了，担心它会让我们看上去太女性化。而女性化在很多人看来，暗示的往往是：做作、矫情、软弱。其实只有内心真正强大的人，才能够温柔地对自己、对别人、对这个世界。

正是因为曾被这个世界温柔以待过，我们才有了付出与给予的力量。在坚硬的生活中修得一颗温柔心，是我们所能送给自己最好的礼物。

如何做一个温柔的女性呢？

遇事，多设身处地地替别人着想，多反思自己的错误。这样的做法，有时看似委屈，实则是一个人内心深处的柔软和善良。

这样的柔软，给予别人的是温暖，是理解，给予自己的是大气，是感恩，更是另一种形式的得到。

其实，大度能容天下难容之事，那么，这个世上便再也无难事可扰。

成年人的生活从来不容易，但这不代表我们只能活在抱怨与委屈中，更不意味着我们必须把自己活成一个紧绷无趣的人。

事实上，很多时候，柔软的背后才是真正的坚强。当我们的心变得温柔，我们才有能力去拥抱世界，才能坦然面对所有困难与考验，也才懂得去与生活、与自我达成和解。

每个人都曾经历过艰难的时刻，但也一定有被感动、被温暖过的惊喜。温柔，不是软弱，更不是不作为。它是出现问题时不诿赖他人的担当，是事情来临之时的临危不惧，更是解决问题的能力。温柔，看似柔弱无骨，却有着改变故事结局的力量。

做人，让温柔成为处事的能力；做事，让柔软成为解决问题的力量。

这，也是一个人恰到好处的温柔。温柔的处事方式，可以让平凡的女人有着不一样的光彩照人，也可以让不出众的男人，有着别样的吸引力。这个世界，拥有同等能量的人才会相遇，拥有同样精神高度的人才能共振。

《小王子》里说："如果你爱上了某个星球的一朵花。那么，只要在夜晚仰望星空，就会觉得漫天的繁星就像一朵朵盛开的花。"他以一颗柔软的心，对世界的万物，用温柔的方式诉说他关于人生、关于爱情、关于信仰、关于选择的故事。

如果你想被世界温柔地对待，那请你先温柔地对待这个世界。愿你成为一个善良、清澈、温暖而有力量的人。

让人舒服的程度，决定人生的高度

有人说，真正身处高位的人都是非常平易近人、让人舒服的。

但是在生活节奏越来越快的今天，我们经常说，要学会取悦自己，却很少说"取悦别人"，其实在我看来，适当地放一些目光在别人的身上，也是一件重要的事情。某主持人就曾在一档节目中记录了他父亲待人接物的细枝末节：

爸爸讲的笑话，90% 是在请客的饭桌上讲的。

爸爸每次请客，要决定菜单时，总会对我们小孩解释两句：这家的蹄筋都是皮，不要点、6 个客人吃这条鱼太大了，点虾要点完整的，别点剁碎的，可能不鲜。

想尽方法，让身边的人感到舒服，父亲的处事之道也影响了该主持人之后的主持风格和日常作风。

"外表好不好看，绝对不是人生的绝胜点，讨不讨人喜欢，更重要一点"，这让康永哥在娱乐圈积累了不少好人脉。

其实这就像古人曾说的那句话："待人宽一分是福，利人是利己的根基。"人和人之间的相处其实是相互的，让人舒适的待人之道，并非圆滑世故的手段，反倒是善待自己的基础。

身边曾有一些年轻人，疑惑地问过我："做人做自己就好了嘛，做

美好
从美开始

一件事如果总在考虑别人舒不舒服，不会太讨好了吗？"

可对于那些优秀的人来说，这并非献媚，而是深植在骨子里的教养。就像曹雪芹说的："洞明世事皆学问，人情练达即文章。"优秀的人早已在日常的言行举止中，发自内心地对别人好，让人感受到他的真诚。

让他人舒服，看似简单，却暗藏着很多智慧。一个人的教养，全在这些细节处：

1. 不轻易否定他人。先肯定对方的观点，再给出不同的见解。

2. 可以偶尔和朋友开个玩笑，但绝不可拿他喜欢的东西开玩笑。

3. 初次见面，一定要努力记住别人的名字。很多人说自己记不住别人的名字，其实不是记不住，而是不在意。

4. 再愤怒，也不能说真正伤害对方自尊的话。越熟悉的人，反而越了解对方的死穴，但不要因为熟悉而伤害别人。

5. 看破，但不点破，给别人留一点余地。发现对方说错话或者说谎，不要当面拆穿。

这些事都不难，难的是面面俱到，用智慧去解他人的心意，用真诚与善良之心与他人交往，这便是教养。

很多人觉得，时时保持着高修养的人，很虚伪。其实不然，你喜欢被照顾，就要先去照顾人，你喜欢被温柔对待，就要先去温柔对待别人，其实这也是善待自己的一种方式。在生活中，我们无时无刻不在和别人打交道，有时候一句体贴的话、一个细微的小动作，都能改变我们和对方的关系。

心里装着别人，让别人感到舒服，不仅能交到更多的朋友，也能在良好的人际关系中，成为更好的自己。

Part6 礼仪篇

让我们的第二张脸经得起考验

高级美的女人，都有第二张脸，叫礼仪修养。

在现代社会，礼仪修养的价值和影响不容忽视。本章节从最贴近我们生活的社会交往出发，内容涉及形体礼仪、餐桌礼仪、手机社交礼仪、初次见面礼仪、人情往来礼仪、职场礼仪等方面，以实用规范的说明和生动的案例，将我们平时忽略或者根本不知道的约定俗成，一一为您呈现。打造高级美，从礼仪修养开始。

你的修养，全在体态里

在我们的生活与工作中，每个人的体态都藏着一些小秘密，而这些秘密藏着我们的修养和对美的追求。有一次同学聚会，一位很久没见的高中同学让所有人都很惊艳，印象中含胸驼背的眼镜妹，如今变成走在路上谁都会忍不住多看两眼的气质美女。很多人好奇，她是去整容了吗？脱胎换骨像完全变了一个人。然而她的回答，让每一个人都无力反驳："哪有什么天生丽质，只是我天天坚持，从体态的一点一滴改变而已。"

确实，如今她挺拔的体态，优雅的举止，展现出一种大气的美、从容的美、尊贵的美。而这些美，就在我们的行卧坐姿中。

不同场合优雅的站姿、坐姿、握手礼仪，如何习得呢？

一、站姿

在公关与社交活动场所，良好的外在姿态的确非常重要。一些礼仪性的站姿也是当今社会的每个人尤其是职场人士所必备的。

1. 正规站姿

正规的礼仪站姿是抬头目视前方挺胸立腰双臂自然下垂、收腹、双腿并拢直立、脚尖分呈 V 字形、身体重心放到两脚中间；也可两脚分开、比肩略窄、将双手合起、放在腹前或背后。

2. 背手站姿

双手在身后交叉，右手放在左手外面，贴在两臀中间。两脚可分开也可并列，分开时，不得超过肩宽，脚尖展开，两脚夹角成 60 度，挺胸立腰，收颌收腹，双目平视。这种站姿优美中略带威严，易产生距离感，所以一般用于安检和保卫人员。如果两脚改为并立，则突出尊重的意味。

3. 叉手站姿

这种站姿，男性可以两脚分开，距离不超过肩宽。女性可以用小丁字步，即一脚稍微向前，脚跟靠在另一脚内侧。站立的同时，将两手在腹前交叉，右手搭在左手上。这种站姿的特点是端正中略有自由，郑重中略有放松。在站立中身体重心还可以在两脚间转换，以减轻疲劳，这是一种常用的接待站姿。

4. 背垂手站姿

一手背在后面、贴在臀部；另一手自然下垂，手指自然弯曲，中指对准裤缝，两脚可以并拢也可以分开，也可以成小丁字步。这种站姿男性用得较多，显得大方、自然、洒脱。

以上这几种站姿同工作岗位紧密相连，若在日常生活中适当运用，会给人们挺拔俊美、庄重大方、优雅干练、精力充沛的感觉。

二、坐姿

1. 入座与离座

入座时要轻、稳、缓。走到座位前，转身后轻稳地坐下。如果椅子位置不合适，需要挪动椅子的位置，应当先把椅子移至欲就座处，然后入座，忌坐在椅子上拖着移动椅子的位置。女子若着裙装入座，应用手将裙子稍稍拢一下，忌坐下后再拉拽衣裙。离座时要自然稳当，右脚向后收半步，而后站起。

正式场合一般从椅子的左边入座，离座时也要从椅子左边离开。

2. 在座

坐在椅子上，要立腰、挺胸，上体自然挺直。双肩平正放松，两臂自然弯曲放在腿上，亦可放在椅子或是沙发扶手上，以自然得体为宜，掌心向下。

双膝自然并拢，双腿正放或侧放，双脚并拢或成小"V"字型。男士两膝间可分开一拳左右的距离，脚态可取小八字步或稍分开以显自然洒脱之美，但不可尽情打开腿脚，那样会显得粗俗和傲慢。

如长时间端坐可将两腿交叉重叠，但要注意上面的腿向回收，脚尖必须向下。

需要侧坐时，应当将上身与腿同时转向同一侧，但头部保持向着前方。

非正式场合，坐姿的选择可以根据椅子的高低以及有无扶手和靠背，相对自由地选择两手、两腿、两脚的摆法，但两腿叉开，或成四字形的叠腿方式是必须杜绝的。

坐在椅子上，应至少坐满椅子的 2/3，宽座沙发则至少坐 1/2。落座后至少 10 分钟以内不要靠椅背。时间久了，可轻靠椅背。

谈话时应根据交谈者方位，将上体和双膝同时侧转向交谈者，上身仍保持挺直。

女性常见坐姿

1. 基本坐姿。这种坐姿的特点是双膝、脚跟、双脚完全并拢。背部要挺直，直视对方。这个姿势即使是在面试等重要场合也非常合适，能够给人一种诚实的印象。

2. 双腿交叠的坐姿。这种坐姿的重点在于从上面看来，交叠的两腿之间完全没有间隙。若交叠在上面的腿和下面的小腿成一直线，看起来就显得很纤细。把握住这个要领，斜放也好，交叠放也好，都可以使用。穿短裙的时候最好不取这种坐姿。

3. 双腿斜放的坐姿。坐低矮的椅子时，最优雅安全的姿势是双腿平行斜放。必须强调的是，这样坐时，大腿、膝、小腿、脚掌等都必须方向同一，小腿之间也不能有间隙。

4. 小八字坐姿。即膝盖并拢、双脚微开的八字坐姿。这种姿势是一种比较轻松而又无伤大雅的坐姿。只是要记住，双脚张开的幅度应以肩部宽度为限，不然看起来就感觉傻乎乎的。

三、握手

现代握手礼通常是先打招呼，然后相互握手，同时寒暄致意。握手礼流行于许多国家，是交往时最常见的一种见面、离别、祝贺或致谢的礼节。

1. 握手顺序

主人、长辈、上司、女士主动伸出手，客人、晚辈、下属、男士再相迎握手。长辈与晚辈之间，长辈伸手后，晚辈才能伸手相握；上下级之间，上级伸手后，下级才能接握；主人与客人之间，主人宜主动伸手；男女之间，女方伸出手后，男方才能伸手相握；如果男性年长，是女性的父辈年龄，在一般的社交场合中仍以女性先伸手为主，除非男性已是祖辈年龄，或女性尚未成年，则男性先伸手是适宜的。但无论什么人如果忽略了握手礼的先后次序而已经伸了手，对方都应不迟疑地回握。

2. 握手方法

① 一定要用右手握手。

② 要紧握对方的手，时间一般以 1～3 秒为宜。当然，过紧地握手，或是只用手指部分漫不经心地接触对方的手都是不礼貌的。

③ 被介绍之后，最好不要立即主动伸手。年轻者、职务低者被介绍给年长者、职务高者时，应根据年长者、职务高者的反应行事，即当年长者、职务高者用点头致意代替握手时，年轻者、职务低者也应随之点头致意。和女性握手，一般男士不要先伸手。

④ 握手时，年轻者对年长者、职务低者对职务高者都应稍稍欠身相握。有时为表示特别尊敬，可用双手迎握。男士与女士握手时，一般只宜轻轻握女士手指部位。男士握手时应脱帽，切忌戴手套握手。

⑤ 握手时双目应注视对方，微笑致意或问好，多人同时握手时应顺序进行，切忌交叉握手。

⑥ 在任何情况下拒绝对方主动要求握手的举动都是无礼的，但手上有水或不干净时，应谢绝握手，同时必须解释并致歉。

餐桌上，懂得拒酒的女人，更有魅力

礼仪是一种艺术，也是一个人文化素养的外在体现，在餐桌上的举止礼仪，最容易体现女性的内在涵养。

如今各种宴会、聚餐中，酒几乎是不可缺少的，人们常说无酒不成席。不论喝的是什么酒，只要掌握好喝酒的大原则，就不至于因酒醉失态，失了礼仪。尤其作为女性，在饮酒的时候更要特别注意举止优雅、浅尝辄止，不要因为自己的酒量大，就不顾礼仪失了风度。

那么在我们的生活中关于倒酒、敬酒、拒酒的餐桌礼仪，应该注意哪些事项呢？

1. 倒酒

对于白酒，中国有句俗话叫——茶倒八分酒倒满，这正是针对杯中的茶或酒应该倒到哪种程度来说的。也有说法叫做"茶满欺人酒满敬人"，所以，在倒酒的时候要将酒倒满，以示对别人的敬意和情谊。但是也需注意不能倒溢出来，且端起酒时不易洒出。

对于红酒，红酒讲究"品"，细品慢酌显优雅。人们在饮用红酒的时候需要感受香气和味道的平衡感，所以千万别把酒满上，最多将酒倒至杯中的 1/3 处。因为，要留有足够的空间，在摇晃酒杯时才能保证酒不溢至外面，同时，留有足够的杯内空间，可挽留从酒中逸出的香气。

对于啤酒，倒酒时，酒瓶口应距离酒杯口的最低点几厘米，啤酒的落点应该在杯壁的中点位置，这种做法是为啤酒充入空气、制造泡沫的最佳倒法。

2.敬酒

文敬

这是传统酒德的一种体现，即有礼有节地劝客人饮酒。酒席开始，主人往往讲上几句话后，便开始了第一次敬酒。这时，宾主都要起立，主人先将杯中的酒一饮而尽，并将空酒杯口朝下，说明自己已经喝完，以示对客人的尊重。客人一般也要喝完。在席间，主人往往还要分别到各桌去敬酒。

回敬

顾名思义，是指主人在向宾客敬完酒后，宾客再逐个向主人回敬一杯酒，以表达对主人的尊重。

互敬

这是客人与客人之间的"敬酒"，为了使对方多饮酒，敬酒者会找出种种必须喝酒理由，若被敬酒者无法找出反驳的理由，就得喝酒。在这种双方寻找论据的同时，人与人的感情交流也得到提升。

代饮

指即不失风度，又不使宾主扫兴的躲避敬酒的方式。本人不会饮酒或饮酒太多，但是主人或客人又非得敬上以表达敬意，这时，就可请人代饮酒。代饮酒的人一般与被代者有特殊的关系，在婚礼上，男方和女方的伴郎和伴娘往往是代饮的首选人物。

罚酒

这是中国人"敬酒"的一种独特方式，"罚酒"的理由也是五花八门，最为常见的可能是对酒席迟到者的"罚酒三杯"，有时也不免带点开玩笑的性质。

3. 拒酒

拒酒禁忌

一群人聚餐，如果没办法喝酒，也切忌不要拿着杯子东躲西藏，有些朋友更是把杯子倒扣在桌子上，这就很容易破坏气氛。此外，也不要把酒偷偷倒在地上，这样会给人很不真诚的印象。

婉拒方法

身体原因无法喝酒，可以提前说明，给自己倒杯茶水或饮料，态度一定要真诚。即使不喝酒的情况下，也不要埋头吃饭，多多和身边的朋友互动。

为了避免冷场，这时候你可以张罗给大家倒倒酒、催催菜，多讲些活跃气氛的话，这样你也不至于与饭桌氛围格格不入，大家下次还是愿意叫上你一起应酬，并帮你挡酒。

当然，需要说明的是，礼仪绝不是恪守规矩，按规矩一定要用刀叉、按规矩一定要喝下这杯酒、按规矩一定要给对方布菜等，规矩往往是破坏饭桌氛围的元凶。日本著名的歌唱家藤原义江在请别人吃西餐时，对方嘟囔了一句"用刀叉吃饭真别扭……"一向是刀叉派的藤原立刻递给对方筷子，还说："其实我也喜欢用筷子。"可见，所谓礼仪，绝不是恪守规矩，只要不让对方感到不快，就是最好的礼仪！

新时代，手机里的社交礼仪知多少？

你可能有过这种时候：

跟朋友一起吃饭，还没聊三分钟，对方就掏出手机开始看图片、刷微博，你在旁边兴致勃勃地分享生活乐事，别人却有一句没一句嗯嗯哈哈地应付；

安静的咖啡馆，你正在看书或者为明天的项目做方案策划，忽然一阵手机铃声响起，紧接着是毫无压制的谈话笑闹声；

几个好友聚会，你把手机里的照片向对方展示，别人却顺手往下一划，翻到你很隐私的照片，引得所有人尴尬不已；

情侣之间，发现对方在自己不知情的情况下翻看了自己手机中的微信聊天记录，于是一场关于信任的争吵不可避免……

如今手机已然成为人们生活中的必备之物，手机礼仪也越来越重要。当你手机不离手的时候，是不是忽略了这些礼仪？

1. 手机应该放在哪里最合适

在公共场合中，若没有必要使用手机，请将手机放在适当的位置。例如：背包、上衣或外套的口袋里等一些不起眼的地方。但尽量不要拿在手里，放进裤子口袋或直接放在桌上，特别是会客时，手机应尽量放在包里或抽屉里。

2. 静音是一种尊重

开会或者和别人聊天时，最好的方式是将手机关掉或调成静音模式。这样对他人是一种尊重。

3. 不要大声讲电话

如今，在城市的公共交通上，例如地铁、公交车，越来越多的人选择用手机听音乐、玩游戏或者看文章来打发上下班的通勤时间。如果这时有人选择用手机扬声器直接播放视频、音乐或者游戏的声音，这种行为被视为无理举动。

在公共场合，特别是电影院、图书馆、医院以及乘坐交通工具时大声讲电话，也是非常失礼的行为。

4. 先想想对方是否方便

拨打电话给对方时，首先要想到的是，对方是否方便接听电话并且要做好不方便接听的准备，同时留意对方身处的环境，若是在会议中或开车时，可以晚一点再拨电话。所以最好养成先询问对方是否方便通话的习惯。

5. 我不想知道你的谈话内容

即便在公共场合中，也不要旁若无人地使用手机，应该把声音压下，不要让四周的人知道你的谈话内容，这不仅让人很尴尬，同时也显得讲电话的人很粗鲁。

6. 信息可以代替通话

在会议中、看电影时或在剧院内讲电话本来就不对，但如果必须立刻回复，可以通过发送短信与对方沟通。

7. 不要打断演讲人的思绪

在听演讲的时候，突兀的手机铃声会打断演讲人的思绪，所以关掉手机或是把手机调到震动状态是对演讲者的尊重，也是自我修养的体现。

8. 不要一边说话一边看手机

不要与对方一边说话一边看手机，这样是对他人的极不尊重。

9. 停止转发也是一种美德

逢年过节大家都收到过祝福短信或者一些无聊的短信，有些短信在最后会写上转发会幸福之类，但其实不论你是否接受，最好都不要转发给他人，因为你不知道对方会不会介意这种低级趣味。

10. 不要随意查看别人的手机

一部手机可以容纳很多隐私，有时别人只想给你看一张照片，切记不要去左右滑动他人手机屏幕。

初次见面，如何优雅地把自己介绍给别人？

朋友去新公司上班，先去新上司主管那里报到。因为面试的时候见了几次，所以两人并不生疏。主管带她到工作岗位上，向大家介绍这是他们的新同事，并让她自我介绍一番。

朋友先微笑着环视四周，然后开口道："大家好！我是琳达。其实，我们应该是好几年的同事了！"大家的脸上都露出了迷惑不解的神情。

她再次开口道："如果三年前的某天，小偷没有把我的手机偷走的话，我就有可能接到公司给我打的面试电话，我就有可能参加面试，或许就能早几年成为你们的同事了，不是吗？"

听到这话，大家才明白过来，都哈哈一笑。朋友又顺势向大家简单地介绍了自己，并请大家多多关照。同事们都热心地说没问题，还有一个比较幽默的男同事说："反正都好几年的同事了，有什么事尽管说！大家都能给你出注意。"

自我介绍是一个人的"亮相"，人们的评价就从此时开始。从某种意义上说，自我介绍是社交活动的一把钥匙。这把钥匙如果运用得好，可使你在以后的工作中事半功倍；反之，已造成的不良印象，会使你觉得困难重重。

因为人们往往对人的第一印象记忆深刻，且很难改变对第一印象的认识，所以第一印象很重要。不论是谈判还是面见客户，第一印象都起着至关重要的作用。

有些人天生讨喜，在人际交往中很容易赢得他人的好感。但是对于大多数人而言，要想在人际交往，尤其是初次相处时，快速赢得对方好感，优雅地将自己介绍给别人，需要一个学习的过程和习惯的养成。

以下几个方面，我给大家提供一些可供参考的意见，能让我们在社交场合表现得更加得体从容，赢得初次见面的好感。

1. 以对方舒服的谈话方式，谈论对方感兴趣的话题

所谓"知己知彼，百战不殆"，最好提前了解一下相处对象的信息，比如谈话风格、偏好和忌讳等。提前了解，可以帮助我们找到让对方舒服的话题，至少不会冒犯到对方。第一次聊什么很重要。含蓄，谦虚的态度更能体现人的内涵和风度，过多地向陌生人炫耀自己的人只会让人产生反感。

如今这个随手都能给自己贴上一堆光芒闪闪标签的社会，人们反而会喜欢那些内秀、不张扬、饱含着精美内核的灵魂。

什么成就都要说出来，一味夸夸其谈，反而让人觉得这个人心虚、肤浅、没有内涵，说出来的话不值得信赖。

而且，初次与人见面时候过多谈自己的事没有意义，本来是为了得到对方的赞赏，却让对方认定了你是沽名钓誉的人，不但不会因此高看你，反而会更加反感。

2. 针对不同的领域做一些知识储备

交往中，我们对一个人产生好感很重要的一个基础就是"有话聊"，所以多做一些知识储备，比如电影、运动、音乐等等。如果能针对对方的喜好准备，就更好了。

3. 提前了解最近的新闻热点、行业动态等

人际交往是一种开放式的沟通模式，当前的新闻热点能够为我们提供安全又容易切入的话题，也更容易建立起良好的气氛。

4. 说话带感情，语调有起伏，表现出热情和真诚

同样一句话，不同的人带给我们的感受是不同的。要想对方喜欢我们，自己也要拿出诚意和热情，尤其要避免语调平铺直叙，会给人造成冷淡、没有兴趣的误解。

5. 不要抢话或者滔滔不绝，但要对对方的话有反馈

没有人喜欢"独角戏"，适当给予反馈是非常有必要的。更不要自话自说，绝对会减分。很多人在和别人聊天时，总是急于表达自己，而忽略了对方的感受，其实正确有效的沟通是学会让对方理解自己的话，并且耐心倾听别人。

每个人都有倾诉的欲望，每个人都需要知音，和别人建立关系非常重要的就是要让别人知道你能够懂他，你有耐心倾听他，这也是初次建立联系时最重要的一步。

6. 学会提问，让话题继续下去

沟通是需要互动的，适时提问，可以用一些非常简单的话，比如："然后呢？""你为什么会这样做呢？""没有其他人竞争吗？"短短一句话就能让话题继续下去。

7. 重复对方的上一句话，表示自己在认真倾听

"你说你当时只剩一天时间了，那你后来赶上了吗？"就比单单一句"后来呢"要更好一些。

8. 多用积极、肯定的语言

人类是听觉动物，不妨多给出积极、肯定的语言，让沟通的气氛更好。

比如，"你太厉害了！然后呢？"也要比"然后呢"更好。

9. 传递有用信息、发表观点，先肯定再提议

一次有效的沟通要"言之有物"，能给彼此提供有用信息，否则便会给对方敷衍了事之嫌。所以，在自己熟知或有所研究的领域不妨大胆发表观点，要有求同存异的心态，而不要带入对抗或者辩论的模式。比如："我觉得你说得有道理，不过我也看过另一个研究"，就比"你说的不对，我看过一个研究……"要好。

10. 注意边界感，不要乱开玩笑

在初次社交中，你并不知道对方是怎样的人，有怎样的性格，贸然表现出自来熟，常常适得其反。

被侵犯边界的对方会立刻将你拉入内心的"黑名单"，你这场费力的"社交演出"根本没有意义。此外，玩笑一定要注意把握尺寸，你的玩笑不能让对方感受到被侵犯边界，甚至感觉到难堪，或者受到侮辱，否则后果几乎是不可弥补的。

眼中有全局，才能避免僵局变结局

试想一下，当你走在大街上，突然一阵风吹过来，把你的裙子整个都掀起来了，这个时候，你会不会觉得很尴尬呢？

裙子被吹开，意味着我们被暴露了，那么周围的人都会指着我们，捂着嘴哈哈大笑。

我相信，没有人会喜欢尴尬，所以我们会尽量避免尴尬的发生，但是在社交场合当中，由于人与人之间的差异性，很多时候，尴尬的发生让人防不胜防。

比如：某个较为严肃、敏感的问题出现时，经常会弄得交谈双方都很对立，甚至阻碍交谈正常顺利进行。这个时候我们可以通过转移话题，用一些轻松、愉快的话题来活跃气氛，转移双方的注意力，或者通过幽默的话语将严肃的话题淡化，使原来僵持的场面重新活跃起来，从而缓和尴尬的局面。

所以，运用好智慧提高应变能力，不但可以巧妙地化解尴尬于无形，还会轻松地获得更多的好感，避免社交僵局变结局。

1. 换个角度看待争论点

如朋友之间为了某个问题争得面红耳赤，僵持不下时，可以适时说一句"要把这个问题争得明白，比国家足球队赢球还难"，或者说一个笑话，让双方的情绪平缓下来，在轻松的气氛中化解尴尬，使交际活动得以顺利进行。

因此，我们在打圆场时要帮助争论双方换一个角度来看待争执点，灵活地分析问题，使他们认识到彼此看法的相对性和包容性，从而让双方停止无谓的争论。

2. 找个借口，给对方台阶下

有些人之所以在交际活动中陷入窘境，常常是因为他们在特定的场合做出了不合时宜或不合情理的举动，于是就造成了整个局面的尴尬和难堪。在这种情形下，最行之有效的打圆场的方法，莫过于换一个角度或找一个借口，以合情合理的解释来证明对方有悖常理的举动在此情此景中是正当的、无可厚非的或合理的，这样一来，对方的尴尬解除了，正常的人际关系也能得以继续下去了。

3. 善意曲解，化干戈为玉帛

在交际活动中，交际的双方或第三者由于彼此言语之间造成误会，常常会说出一些让别人感到惊讶的话语，做出一些怪异的行为举止，从而导致尴尬和难堪场面的出现。为了缓解这种局面，我们可以采用故意"误会"的办法，装作不明白或故意不理睬他们言语行为的真实含义，而从善意的角度来做出有利于化解尴尬局面的解释，即对该事件加以善意的曲解，将局面朝有利缓解的方向引导转化。

善意的曲解并不是单纯的和稀泥、掏浆糊，而是弥补别人一时的疏忽，消解别人心中的误解和不快，保证人际交往的正常进行，因而是一种很有效也很有必要的交际手段。

4. 审时度势，让各方都满意

有时在某种场合中，当交际双方因彼此不满意对方的看法而争执不休时，很难说谁对谁错，作为调解者应该理解争执双方此时的心理和情绪，不要厚此薄彼，以免加深双方的差异，并对双方的优势和价值都予以肯定，在一定程度上来满足他们的自我实现心理，在这个基础上，再拿出双方都能接受的建设性意见，这样就容易为双方所接受。

5. 适可而止，懂得退出

在社交场合中，每个人都有理想的社交时间。如果对方感到厌倦，请及时退出。对方厌倦的具体表现有：对方有意结束正在进行的话题；对方小动作不断，如：扭头、变换姿势、摆手等；对方长时间不说话。这个时候，你就应该及时礼貌地退出该社交活动了。

当然，有时候是你先感到厌倦，那如何礼貌地告诉别人我要离场呢？这里面有很多小技巧。举个例子：可以先问对方接下来要做什么，然后让他去做，以此结束话题。

能让人接受的礼物，才是好的礼物

　　每一年都有各种各样的节日，除了假期可以放松一下的愉悦感，你是否还会有一丝丝的烦恼呢？父亲节母亲节即将来临时，你会不会思考应该送给父母亲怎样的礼物才能表达自己对他们的爱意呢？儿童节来临之际，你会不会想到要为自己的孩子准备可以让他开心的礼物呢？教师节快要到来时，你会不会去寻找一个可以表达自己对老师爱戴的礼物送给他呢？

　　说起送礼这事儿，真是门大学问，得讲究。每个能够处理好人际关系，在职场和亲朋间潇洒徜徉的人，都是送礼的高手。

　　选择一份礼品，即不轻又不重，讲究的是君子之交淡如水；即是一份平常之物，又要有难得一见的惊喜；这个礼物也要能够承载一段故事，让受礼者在接下去的一段时间把送礼者牵挂在心上。这样的送礼才能称得上"因礼尚，而往来"。

　　如果你一旦决定要送礼，一定要选择着合情合理还能让别人开心的礼物。总的来说，合适的礼物的要符合五个属性。

　　一是"稀缺性"。物以稀为贵，所送的礼物对方没见过、没用过，甚至没听过，自然会引发更多的关注。

　　二是"趣味性"。就是投其所好，送对方喜欢或感兴趣的礼物，会使礼物的价值量放大。

三是"阐释性"。就是所送的礼物有个"说道"，比如送老人的礼物能阐释出有利于长寿的意涵，送领导的礼物能阐释出有利于进一步发展的意涵，等等。

四是"影响性"。就是所送的礼物最好能够持续性地发挥作用，而不是一次性消耗掉了。

五是"安全性"。包括三层意思：（1）所送的礼物不能触犯对方的忌讳；（2）礼物的品质一定要过关，尤其不能因为包装简陋、接近保持期等原因引起对方的猜疑；（3）礼物的价值不能过大，这样会使对方以为你另有所图，进而大大降低送礼的效果。

这是礼物的选择。还有送礼的方法也很重要，有两个原则。

一是重感情不重礼物。就是一两句话把礼物的"精妙处"介绍一下就行了。然后就不再说礼物了，而是重点叙旧、谈感情。这样显得大度、大方，否则总提礼物会给人不开眼、没见过世面的感觉。

二是说家常不说办事。如果要办什么事，怎么办这个事，那是不能当着礼物的面说的。见面就是拉家常，否则会给人"做买卖"，甚至用礼物来"胁迫"的感觉。会让事办得不痛快，让对方心里不舒服。另找场合私下说，效果会比较好。

办公室礼仪的八个禁忌你知道吗？

办公室礼仪看似微小，却是非常需要注重的内容，特别是这些小细节很容易影响到自己给外人的印象，小则影响同事关系，严重的话甚至影响自己的前途。特别是对于初入职场的新人来说，一定要掌握一些办公室的基本礼仪，不要触犯了办公室的禁忌。

常见的办公室礼仪禁忌有哪些呢？

1. 过分注重自我形象

一些人在办公桌上摆着化妆品、镜子和靓照，有时还忙里偷闲地照照镜子、补补妆。这不仅给人一种工作能力低下的感觉，而且在众目睽睽之下不加掩饰也实在有伤大雅。

2. 与同事争执

不论你用什么方式指责别人，如用一个眼神、一种说话的声调、一个手势等等，你告诉他错了，你以为他会同意你吗？绝不会，因为你直接否定了他的智慧和判断力，打击了他的荣耀感和自尊心，这反而会使他想着法儿地反击你，决不会使他改变自己的主意。率直地指出某一个人不对，不但得不到好的效果，而且还会造成很大的损害。你指责别人不但伤害了别人的自尊，而且会使自己成为不受欢迎的人。因此在办公室切记要学会聪明有效的沟通方式。

3. 高声喧哗

在公司讲私人电话已经很不应该，要是还肆无忌惮地高谈阔论，更会让老板抓狂，也影响同事工作。此外，跟同事之间沟通也要学会有什么话慢慢讲，别人也一样会重视你。然而一些人在和别人讲话时，常常高声喧哗、口若悬河、旁若无人，其实，你的文质彬彬，更容易影响别人和你一起维持文明的环境。

4. 随便挪用他人东西

那些未经许可随意挪用他人物品，事后又不打招呼的人，会显得没有一点教养。至于那些用后不归还原处，甚至经常忘记归还的人，就更低一档了。

5. 偷听别人讲话

如果其他人在私下谈话，你却停下手中活计，伸长耳朵去听，或是在别人打电话时，你两眼紧盯着人家，耳朵灵得像兔子，这些都会使你在别人眼中的形象大打折扣。

6. 对同事或客户表现冷漠

无论是谁踏进你办公室的门，就是你的客人，而你就是主人。如果做主人的你一言两语就把客人推掉，或一看不认识就不加理睬，这些行为都有失主人的风度。职场中送客到公司门口也是最基本的礼貌。若很熟的朋友知道你忙，也要起身送到办公室门口，或者请秘书或同事帮忙送客，一般客人则要送到电梯口，帮他按电梯，目送客人进了电梯，门完全关上，再转身离开。若是重要客人，更应该帮忙叫出租车，帮客人开车门，关好车门，目送对方离开再走。

7. 见客户迟到早退或太早到

不管上班或开会，请不要迟到、早退。若有事需要迟到、早退，一定要提前一天或更早就申请好，不能临时才说。此外，拜见客户太早到也是不礼貌的，因为别人可能还没准备好，或还有别的宾客，此举会造成对方的困扰。如果到得太早，不妨先打个电话给客户，问是否能将约会时间提早？不然先在外面等待一下，等时间到了再进去。

8. 零食、香烟不离口

女孩子大都爱吃零食，且以互换零食表示友好。只是工作时要注意场合，尤其在和旁人谈话和接听电话时，嘴里千万不可嚼东西。至于一些以吸烟为享受的男士在公共场合也应注意尊重他人，不要随意污染环境。

Part7 成长篇

美在岁月提升的过程，而非和岁月抗衡

美不是停止的。

每一个最好的当下的状态，都指向下一个更美好的你。

最真实的美，往往是从内而外溢出的，它需要一湾澄澈的心灵之泉滋养着。如何在节奏忙乱的当下，找到迷失的自己和宁静平和的心灵之泉，是我们每一个人都缺失的一门课程。本章节试着从培养健康的爱好、提升艺术审美品味、接纳真实的自己、正确看待人生的转机和挫折等几个方面，探索让我们心灵重归澄澈单纯的方法。

爱好，让我们学会与自己独处

我有个朋友，是位资深的刺绣爱好者。青春年少时就喜欢上并且认真学了这门手艺，后来渐渐成了爱好，后因结婚生子及生活重压而暂时搁置。如今孩子年龄渐长，不再需要她劳心劳力地日夜守候，工作也不是很忙，她就又拾起了这个小小的爱好。绣衣服、绣手工手袋、绣小挎包、绣头饰……

看她晒出来的那些手工刺绣，件件都像艺术品，让人难以相信，这么快的生活节奏下还有人能如此平心静气地坐下来一针一线地绣出这么美的东西，而这个人就生活在我身边。

她坚持着这个纯美的爱好，这个爱好也在日积月累间滋养着她，很难说是她成就了这个娴雅的爱好，还是这个爱好成就了本就不浮躁的她。

一个美好的女人，她的世界中除了工作、伴侣和孩子，还应该有一方属于自己的秘密花园。闲暇时、孤独时、寂寞时、伤感时，她都因自己的特长和爱好，而不至于被漫漫人生消磨尽那股优雅灵动之气。

如何为自己培养一个长期的、可以保持终身的爱好来滋养身心，避免让自己迷失在生活的琐碎里变得庸俗不堪呢？

1. 阅读

阅读，就是让人们在快节奏的生活中，拥有一种慢的能力，在喧嚣中感受安静的力量，寻找到属于自己的诗和远方。在法国，女人看书并不挑时间或地点，在地铁车厢、路边的公园及咖啡馆里，甚至就在马路边，随处可见人们捧着书籍聚精会神地阅读，多则半个小时，少则几分钟。

2. 音乐

音乐绝不仅仅是一串单纯的音符，而是一种蕴含着人的精神的文化现象。无论在我国传统的音乐中，还是西方古典音乐、浪漫音乐中，我们都可以感受到音乐的精神"脉搏"。学习乐器是一个人提升气质的比较好的方法，懂音乐的人身上都会透着一股安然优雅的气质。

西方女子，哪怕只是普通工薪家庭的小孩，都会学习几样乐器，乐理知识的沉淀和音乐的熏陶，会让女性的优雅之气更加灵动，所以很多西方女性身上会自然流露出一种脱俗的优雅韵味来。

3. 绘画

一张纸、一支笔，就能马上让你的生活闪闪发光。

书画是涵养女性修养的最佳方式，它赋予女人一种神韵、一种魅力、一种气质、一种品位、一种灵性，修养出一种超然的智慧，使女人平和内敛、从容娴雅，随时随处散发着温润和煦的人性光辉。

会画画的女人，浪漫有气质，无论走到哪里，都自带一股无法抵挡的吸引力。

4. 旅行

一个经常旅行的女人，她的音容笑貌里承载着时光的眷顾，举手投足间彰显的都是她看过的风景、走过的路。焕发的活力、绰约的身姿、优雅的气质，都是对于爱旅行的女人更为幸运的有力证明。

纷繁的生活给我们设定了太多限制，要么忙于工作，要么囿于家庭，让人迈不开脚。当你心烦意乱的时候，不妨来一场旅行，这或许可以让

美好
从美开始

你从原来的窠臼中跳脱而出。

在那些柴米油盐、一地鸡毛的时光里，是兴趣爱好，给了我们平衡人生的支撑点。无论跳舞、养花、钓鱼、集邮，或是书画、唱歌、下棋、看书，这些看似无用的兴趣爱好，才真正决定了生活的品质。

有句哲言讲：给时间以生命，而不是给生命以时间。

培养一门爱好，做自己想做的事情，当你沉浸其中而怡然自得时，便遇见了那个生命状态更美好、更开阔的自己。

人生在世，好像很长，也似乎很短。这一生过出的状态，会恍然如梦般匆匆。平生一定让自己做一个有爱好的人，哪怕单一的爱好或者多项爱好，只要自己有这样的能量，只要让自己过得快乐、充实，就是再美好不过的事情。

艺术，是爱美者的一面镜子

艺术与女人，其实是相互滋养的关系，艺术能让女人阳光、儒雅又不失庄重，而女人又为艺术增添无限神韵。

在古代，对女子的要求无非琴棋书画样样精通，这样感知艺术的女子才情过人、谈吐不凡，即便是没有美丽的容颜，那也是受人人瞩目的才女。而对于现代女性来说，大多数人只会弹奏一种乐器，那就算是高雅了。

热爱艺术的女人，她们如同陈年老酒，前味悠长，清远幽香，越是久远，越是醉香。在感知艺术的过程中，艺术情绪的陶冶会在潜移默化中改变女人的自身气质，女人会因为品位的获得而变得博爱和宽容。品位的表现就是浓郁的书香和美的诗韵、深厚的人文素养、渊博的知识积淀。

如何培养自己的艺术素养？

1. 提高审美

法国著名雕塑家罗丹曾说："生活不是缺少美，而是缺少发现美的眼睛。"

譬如面对大海，诗人能写出"水何澹澹，山岛竦峙"的名篇，但是普通人只能说出："海啊，都是水；马啊，四条腿。"因为不懂，所以生活便少了欣赏美的底蕴。

木心说:"没有审美力是绝症,知识也救不了。"

没有一个人的审美是天生的,都需要后天慢慢培养。审美是一个多维度的美学表现,包括了视觉上的色彩、听觉上的音乐、味觉上的品味等。

除了看书,旅行和看展,是最直接有效提高审美的方法。在这个过程中,要足够多地去感受不同国家的审美,去了解不同人的观念,去学习不同种族的文化等。如此,你的世界观就会被迅速打开,审美观也会逐步提升,生活也会更有情趣。在所有的情趣中,审美是最高级的情趣。当你拥有了良好的观察力、想象力和创造力之后,自然会有自己独特的审美力。

2. 要提高鉴赏能力

向那些具有某种专长的人学习。专家的意见往往可以影响甚至改变自身的兴趣和观点。对艺术作品进行具体的分析、讲解,有助于人们加深对作品的认识、理解和感受。

如欣赏中国画,需勤于鉴赏,可选择一定数量的不同时代、不同流派的名家名作进行观赏、鉴识。名家名作接触多了、熟悉了,鉴赏水平也会随之提高。对经典代表作,不能一般性地鉴赏,而应反复品味、寻味、玩味,以真正体悟其精微、精妙、精华之所在,在"泛读"的基础上进行"精读"。

3. 深刻认识现实社会生活

艺术具有认识价值。一部优秀的艺术作品,能深刻而典型地反映社会历史,能成功地再现生活。千百年来,市井生活与人文艺术的相互成全,诞生了无数的艺术作品,它们既反映了时代的变迁,也反映了人文的改变,艺术与生活并不是相互独立的,它们不分前后不分高低,相辅相成,相互成全，相互融合。

提高艺术修养，有助于全面地欣赏艺术作品，深刻地认识作品的社会意义，更全面地理解社会、人生和现实生活，从而增强历史责任感。

4. 增加生活情趣

艺术具有享受和娱乐的价值。注意艺术修养，可以丰富自己的精神生活，得到更多的更高尚的艺术享受，增强对生活的感情。比如法国人的浪漫情怀是一种国民性格，这种性格不仅体现在酒吧里的暧昧慢酌、塞纳河边的悠闲散步，亦或一朵玫瑰就可俘获芳心的街头艳遇，还体现在对优雅精致生活的追求。对于法国人来说，浪漫是从生活中延伸的情趣，让随处可见的生活必需品变成值得把玩的小工艺品。

人生最重要的，是拥有制造快乐的能力。生活每天都一样，不一样的其实是你以何种心态、何种品位、何种情调去度过每一天。增加生活中的小情趣便是最好的方法。

一个女人要想自己拥有别致的魅力，就要学会培养自己的艺术气息，以此来装点自己的生活。她们热爱着生活，善于装点自己的生活，即使在休憩之余，她们也不会感到孤独寂寞，因为有了艺术的感染，她们的生活将会变得充实。懂得感知艺术，拥有艺术气息的女人，一定有着不凡的谈吐，因为艺术积淀了修养，艺术升华了气质，无论说话做事，她们都显示出独特的魅力。

喜欢看书的女人，眼里有星辰

伏尔泰说："美只愉悦眼睛，而气质的优雅则能使人心灵入迷"。

气质，是一种由内心散发出的吸引力和气息，一个人有气质，就好像拥有了美好的生命四季。漂亮是表面的，是第一眼的吸引和好奇，而气质是内在的，是文化和品位做底蕴，是时光赋予的珍贵品质。

有这样一些女人，她们喜欢读书、买书、写书，书是她们经久耐用的时装和化妆品，普通的衣着素面朝天，走在花团族锦、浓妆艳抹的女人中间，反而格外引人注目，是沉淀、是修养、是浑身洋溢的书卷味，使她们显得与众不同。"腹有诗书气自华"，这句名言用来形容她们是再适合不过的了。

爱读书的女人，不管走到哪里都是一道美丽的风景，她们可能貌不惊人，但她们有一种内在的气质，优雅的谈吐超凡脱俗，清丽的仪态无需修饰，那是静的凝重，懂得优雅，那是坐的端庄，行的洒脱，那是天然的质朴与含蓄，混合在一起像水一样的柔软，像风一样的迷人，像花一样绚丽。

但在这个快节奏的时代，属于我们的读书时间越来越少了。全民都在刷手机，争当"低头族"。快节奏的生活、大城市通勤路线拉长等，客观上令私人时间碎片化，属于自己的"整块"时间越来越少，导致不少人只能抓紧碎片时间去阅读。

碎片化阅读时代，我们该如何读书？

1. 有热度

在碎片化阅读时代坚守读书理想，首先要有读书的热度，提起读书，要有眼前一亮、心向往之的热情和欢喜。有热度，你才会积极主动地去对抗外部的干扰和内在的懒惰，才会用心去考虑读什么、在哪儿读、何时读这些细节。永远保持一份读书的热度，这是碎片化时代进行阅读的前提和基础。

2. 有高度

古人说："立身不高一步立，如尘里振衣，泥中濯足，如何超达？"读书也是如此，你要有"为天地立心，为生民立命，为往圣继绝学，为万世开太平"的情怀，即使现实中能力还达不到，也应该作为内心理想坚守。只有这样，你才是一个有温度的读书人，不会蜕化为精致的利己主义者；你才是一个有担当的读书人，不会堕落成安逸的鸳鸯蝴蝶派；你才是一个有追求的读书人，不会"活了 100 岁，但 30 岁就死了"。有高度你就有目标，有目标你才有动力，就会不仅仅为自己，也为家人、朋友、社会、国家，为良知正义、理想信念，孜孜不倦地去阅读、思考，知行合一地去实践、战斗。

3. 有精度

大数据时代，专业比广博更重要。碎片化时代，时间与精力最宝贵。现在的我们，忙于工作生活，不像学生时代有大量时间来读书。因为精力有限，我们就必须提高阅读的精度，也就是读书要讲究中心和效率。你自己要清楚三个问题：为何阅读？是学习技能、发展兴趣、提升层次还是其他。阅读什么？要精选书目，选择那些经过时间检验、获得大家认同、凝结人类智慧的经典名著，不贪多求快、不朝三暮四，专一深入、潜心阅读。如何阅读？选好读物后，还要结合自身工作生活条件和外部环境，科学制订个人短中长期的阅读计划，主次分明、条理井然、统筹兼顾。然后，努力坚持，成为习惯。

读书多的女人，即便成了全职太太，也更懂得如何平衡家庭与自我增值二者之间的关系。女人要读书，为的是成为一个有温度、懂情趣、会思考的人，让你的生活有更多的选择权；为的是不遇到你不想遇到的人，不用和讨厌的人在一起。

有了选择，才有了尊严，有了尊严，才能选择自己喜欢的人。

你已在发光，又何必非做太阳

偶然翻到台湾作家刘继荣一篇文章，写一个孩子，想成为坐在路边为英雄鼓掌的那个人。文中有这样一段对话：

我开玩笑地对女儿说："你快要成为英雄了。"

正在织围巾的女儿，歪着头想了想，认真地告诉我说："老师曾讲过一句格言：当英雄路过的时候，总要有人坐在路边鼓掌……"

她轻轻地说："妈妈，我不想成为英雄，我想成为坐在路边鼓掌的人。"

我猛地一震，默默地打量着她。她安静地织着绒线，淡粉的线在竹针上缠缠绕绕，仿佛一寸一寸的光阴，在她手上，吐出星星点点的花蕾。

我心上，竟是蓦地一暖。那一刻，我忽然被这个不想成为英雄的女孩打动了。这世间，有多少人，年少时渴望成为英雄，最终却成了烟火红尘中的平凡人。如果健康，如果快乐，如果没有违背自己的心意，我们的孩子，又何妨做一个善良的普通人。

……

如今，孩儿时代的我们已经长大成人，为人妻母。我们曾经渴望拥有整个世界的心，在现实生活面前一点点沉淀下来，没办法成为那个一路铺洒鲜花、迎接掌声走来的英雄，也就坦然接受了自己原本平凡的本质，与这个世界和解。

美好
从美开始

　　我们的一生，不一定非求做一颗太阳，做属于自己最亮的那颗星也好，或做那燃到最后的蜡烛也挺好，活着，尽心发点光都一样，不一定非走出一条大路，走适合自己最美的那条小径也好，或走些弯曲山路、荒野也成，走着，尽力向前行就无悔。

　　这个世界总需要观众，放下一直要做主角的执念，真诚地为别人鼓掌，也不失风度。我认识一个白羊座姑娘，单纯天真可爱，大学毕业之后就立马回家，拼命看书复习，考到了当地的事业单位，每天朝九晚五，下了班就骑着小毛驴回家吃饭，吃完饭就一左一右挎着爸妈的手臂出门散步。从来没听她说过，蜗居在小城市有多么委屈。她很愿意留在爸妈身边，对她来说，最大的梦想就是在有自己的生活和家庭之前，能够多陪爸妈一点，做一个乖女儿。这是她的选择，她很享受安稳踏实的生活。

　　每次我跟她聊天的时候，都觉得很开心。我跟她说我认识了谁、做了什么，她总是惊呼着："哇，亲爱的你好棒。你会越来越好的。"我跟她吐槽好累，又要加班，还不涨工资时候，她也从来只会说："在外面照顾好自己，反正我在家花不了多少，要不给你打些钱吧？"她从来不会说："我好羡慕你哦，我也想去大城市。"也从来不会炫耀自己在家的悠闲自在，说："在外面累得要死要活又赚不到多少钱，多不划算。"

　　在她的世界里，她怡然自洽，既不妄自菲薄，也不狂妄自大。

　　人生不是考试，没有标准答案，任何一种职业、一种身份、一种生活状态都有被尊重的理由，只有尊重自己的内心，聆听自己灵魂深处发出的声响，才能知道自己是谁、自己想要的是什么、自己该如何去选择自己想要的生活。我们既不是为了满足父母的期待，也不是为了满足别人的眼光和社会主流的价值观。

　　能够自在地做自己，做一个闪闪发光，有足够的勇气和坚持去为了自己想要的任何一种生活去努力拼搏的自己，我们需要有一颗强大的内心，为自己负责，坦然接受自己的选择所带来的任何一种后果。

你会发现，努力发光，不一定是太阳的专利。

成为真实的自己，是一种荣耀

　　每一个懂得忠于自己的人，都有过孤独时刻。在四顾无人，只有自己的时候，不得不看清自己的脆弱、自己的欲望，甚至自己未来的走向。而这些是在人群的喧闹中，你永远不会看到的东西。最是孤独见底色，那些只有自己和影子相伴的日子，才是最赤裸的真实。

　　你有多久不曾独处过，或者是尝试一个人静坐的时光；你有多久不曾在这样的氛围中，接纳一个熟悉又陌生的自己；你有多久没有在掩埋太深的群落，袒露一个真实的自我。世界走得太快，我们一样跟得很急，渐渐都活成了千人一面的样子。个性消亡，追求严重同质化。那个曾经带着情怀和梦想出发的你，甚至已经忘记了当初为什么而出发。你在车水马龙的人间，活得繁花似锦、燕舞莺歌，却原来早已背叛了生活，背叛了真实的自己。

　　《小王子》中曾说：星星发亮，是为了让每个人有一天都能找到属于自己的星星。可是按照现在人们的追求，似乎很多人都已经迷路了。

　　最近流行复古风，于是有些人给自己从头到尾改装成不适合自己的装束；

　　因为伴侣喜欢长发、高跟鞋的淑女，于是放弃自己俊朗中性的风格；

　　又或者网上流行某首曲子、某个电影，赶紧跟风，不管懂不懂先夸一翻；

　　再不济，也是躲在人群中，含糊掉自己的面目，陷入了一种叫作"假装很合群"的症状里，生怕露出不同来。

　　但正如毛姆说的那样："就算有五万人主张某件蠢事是对的，这件蠢事也不会因此就变成对的。"你以为你在合群，其实只是在被平庸同化。

　　如何成为更真实的自己？

1. 放下抱怨和批判

　　无论我们对外界的人事物有多少批判指责，那都是源自内心对自己不满的投射。同样第一次见一个人，有人见到很开心，有人见到很愤怒，有人见到很害怕，还有人见到就想亲近她，为什么会如此？因为每个人都把自己内心的情感投射出去，所以心不同，感受就不同。

　　当我们放下对外界的批判和抱怨，开始觉察自己的心中出现了什么时，我们便开始有了爱自己的基础意识。

2. 像个孩子般活着

　　一个 3 岁左右的孩子，她吃不到糖，哭得很伤心，母亲便给了她一个小玩具，她笑了，笑得十分灿烂。孩子们和我们一样有情绪，但他们有了情绪就释放，释放完了就放下。而我们今天有个人骂了我一句，半个月后还在生大气。

　　爱自己我们就学学孩子们吧，不在乎别人怎么看我，就是单纯地存在，单纯地释放情绪表达自己，单纯地放下一切回归自然。

3. 多关注内心，少关注外界

　　过多关注外界的人，一定爱自己会少，因为爱自己是心的事，当心一直在外寻找，谁来关注自己爱自己呢？往往喜欢名牌、喜欢奢侈品的人，其实对自己的爱条件很多。

爱自己，就是收回对外界的关注，享受和自己独处的时刻，珍惜看见自己的时刻，多和自己在一起，慢慢爱就开始洋溢。

4. 接纳自己的不完美

爱是无条件的接纳，如果有人发自内心地告诉我："我爱我自己，我接受我的一切，我觉得无论别人如何看我，我感觉自己美就够了。"此人，在爱自己。

5. 与高能量共处

这世界上任何东西都是能量，能量有高低之分，山水草木、古典优雅的书画音乐、觉醒或自觉的人、善良的动物和影视作品都具有高能量，多与他们接触，多融入自然和美中，能量高了，自己就更好了。

6. 经常肯定自己

压力之下，自卑和否定自己并不能让你走得更快更远。我们每个人都是半杯水，没有人是满杯水。空还是满，要看你看到哪个部分。抬起头来，仔细欣赏自己身上的优点，让希望的阳光洒满自己。在希望和快乐中奔向远方，这才是一个人成长应该具有的节奏。

7. 做自己喜欢做的事

从心灵的角度看，做不喜欢的事是种压力，做自己喜欢的事则是种动力。当压力下做的事情多了，那么这个人的内心一定有很多压抑的能量。爱自己，在生存方式上来说，需要动力。也就是说，做自己喜欢做的事就是爱自己。

8. 懂得拒绝别人

我们很多时候不好意思拒绝别人，比如，你觉得拒绝会伤了对方的心，而你不想这样。或者，你害怕这次拒绝了对方，下次你需要帮忙的时候，他也不会帮你。这会使你失去潜在的机会或者人脉。甚至，你可能根本就不知道怎样说"不"。

其实，不管出于什么原因，背后都有一个最根本的症结——缺乏清晰的个人边界。

缺乏清晰的个人边界，最典型的表现是：把别人的事当自己的事，总想为别人的情绪负责。爱自己，就要听从内心的声音，不为了别人喜欢去勉强自己，懂得拒绝人也是爱自己的表现。

面对自己其实是最艰难的，当我们尝试去拥抱自己内心那些痛苦的部分、黑暗的部分，靠近真实的、完美的自己时，你就已经在成长了。

谁没年轻过，可你老过吗

年轻算什么，你老过吗？其实这句话是早几年王朔说的。怎么看似乎都有点酸溜溜，最近他又说了更真实的想法，"说得再多也掩饰不了我这个老男人对青春的羡慕嫉妒恨，不过唯一让我欣慰的是：你们也不会年轻很久"。

是，我们不会年轻很久，因此更要抓住自己的20岁，去执着、去奋斗、去爱，让这一切成为我们疲惫生活中的英雄梦想。但实际上，在我们最年轻的时候，我们恰恰缺乏了"懂得年轻的好"这种智慧。

白岩松说，年轻时他采访过很多的老年人，他们身上有很多东西影响了他。于是他在文章里发出"渴望年老"的感慨，希望自己在年轻的时候，能吸收优秀老人身上所具有的种种优秀品质。阅历是一笔财富，需要时间的淬炼，而很显然，很多年轻人并不懂得这个道理。

这种时间沉淀的智慧，就像一张黑白照片，乍一看平淡无奇甚至抗拒，但是越品越有滋味。我们每个人可能都有一个突然的瞬间，发现自己已经不再年轻了，女人敏感，相对于男人更容易因为任何一些细微的变化而感慨年华老去。

看到镜子中的自己突然间多的一条皱纹、一向乖巧听话的孩子开始和你顶嘴、发脾气时没有人再来哄你开心、体育竞赛时再也达不到以前的成绩、觉得已经拼尽全力在做某件事但结果还是不够满意、越来越多次地被忽略和遗忘、越来越多次地觉得自己似乎不存在………

而这些感觉经常来得毫无防备，你无奈、无助、无能为力，甚至心生沮丧，渐渐接受这样的现实：

人总是会老的，不论曾经怎样地锋芒过、鲜艳过、骄傲过，而最终都会慢慢地钝下光芒、收敛颜色、接受平凡……

如果说生命是一场永不停歇的奔跑，那么中年或许就是这场奔跑中的"极点"。

身体的极度疲惫可能会让你无数次地想放弃，但是这种疲惫却是这场奔跑中必经的阶段。

这个时候不能盲目地只看着前方的冲刺红线，而需要低下头来、慢下步子、稳下呼吸，需要保持冷静才会调整出身体最好的状态，才会有长跑中"第二次呼吸"的到来，那么后面的奔跑就会轻松自如。

我们不需要一天 24 小时积极向上、阳光正能量，那不是生活的真相。

真实的生活需要用情绪调整，伤心时自己一个人痛快地哭一场、压抑时和朋友喝场痛快的酒、迷茫时给自己思考停滞的时间……

不要以为对衰老伤感、对现实沮丧就是错的，相反只有适当地让自己真实的情绪表达出来才会使内心平静，才能最终找到真实的自我，更加自信地面对未来的时光。

当我们步入中年，眼看着时间的针脚一步步走过，我不想告诉年轻的你人生越成熟才越充盈，也不想告诉不再年轻的你人生其实刚刚开始，我只想说，请允许我为自己的青春做最后的告别，让我更加真实的面对今后不再年轻的岁月。

坦然地面对和接受时光赋予我们的礼物，在每一段人生的节点上都能找到自己奔跑的道路上的第二次呼吸，不去刻意追求光环和鲜花掌声，过好自己温暖的当下，既是岁月留痕也会成为生命不朽的印记。

时间是从来不等人的，它不催你，但很多人都已经惶恐得不行。而且什么一倒计时起来，好像就要走到了终点一样。如果有一天，我们到达这条河界的岸边时，希望停驻回首过去，再望望远处那一刻，不曾后悔自己这一路山山水水。

我们依旧会继续老去，但希望继续老去的我们任何时候都能笃定自信、神采飞扬地对这个世界说："我年轻过，但你老过吗？"

婚姻，不是包治一切的良药

我依然生动地记得我第一次看电影《泰坦尼克号》时的情景。杰克和露丝之间轰轰烈烈的爱情故事，唤醒了我小小少女心中的强烈情感。

我相信爱情，也尊重婚姻。

于我个人而言，我深知自己是一个需要婚姻的人。但是，已然成熟的我深知，婚姻并不是我们的救主，尤其是现代社会对女性的要求越来越高，我们更不能像过去一样，渴望靠一段婚姻去改变自己的命运。

但依旧有些女人想希望通过婚姻改变自己的生活，过上好日子。等她们真的削尖了脑袋嫁进了豪门，才发现远不如想象的那样惬意。嫁个条件好的人，让生活坐上电梯直线提升，这本身并没有错，可惜的是，婚姻从来不是女人的第二次投胎。

如果婚姻中没有成长，就相当于输在了起跑线上。不努力读书、学习、看世界提升自己，企图用美貌、青春、换取男人的爱，只能最终苦了自己。

山本文绪说："所谓结婚，不过就是不得不把自己的一大部分人生委托给另一个人，从现实来讲就是失去了相当一部分自由的时间而已。"语气轻描淡写，却道出了婚姻的本质。

我们曾以为婚姻是充满魔力、有改造作用的经历，是生活中最重要的关系。身为女人的你可以永远在这段关系里获得安全感、满足感。婚姻让你变得完整，婚姻让你不再孤单……

好了，请清醒一点，别给婚姻扣上什么大帽子。婚姻不能改变你的性格，它不能让你从一株含羞草变为热情奔放的大牡丹；婚姻不能让你变得气质脱俗，如果一味沉浸、纠结于婚姻琐事，你只能愈发具有"妇儿"的气质和人生哲学；婚姻不会让你和以往"逆行"的人生告别，它波澜起伏、跌跌荡荡，只会更考验你应对问题和考验的能力。

情感世界里的快乐幸福需要两个人共同努力，我们也应该及时放手那些已经没有拯救价值的人，多出点时间去干点有意义的事情，也从不认为男女的爱情和婚姻里会有什么同情的成分在，不过是你太高估了自己承受痛苦的能力。生活中幸福的婚姻不是多数，不幸的婚姻却比比皆是，能够做到让爱锦上添花的向来都是真正独立从容，又能够共同成长担当的男女。

如果说婚姻能改变我们什么的话，要么是共同成长，两个人的幸福成功，要么是共同沉沦，两个人的半斤八两。因为唯有真爱能够相互成全，也唯有私欲能够相互毁灭！爱情和婚姻不是一回事，尽管都是和一个人缠缠绵绵，谈恋爱当然可以风花雪月，过日子却有鸡毛蒜皮，爱情里我们拥有更多的激情，婚姻里我们却需要更多的智慧。

婚姻无法使你完整，让你完整的是自己。

所以，如果你足够强大，如果你能过好单身的生活，再去结婚吧。

Part8 养心篇
让岁月看得见你的优雅

要收获经得起岁月的那份美，
先从修养心性开始。

一个追求完美的女人，不论身处怎样的境地，都会在人生的舞台上竭尽全力地散发出属于自己的光芒，而这光芒，是照亮黑暗路途的希望。本章节从女性常见的困惑："家庭和事业如何平衡？""强大就意味着拒绝脆弱吗？""如何在两性关系中保持独立？""如何获得精彩的人生？"等方面入手，对话时代女性，为优秀的你，寻找人生的答案。

做生活中的小女人，精神世界的大女人

一说到女强人，可能很多人的脑海中都会浮现这样的场景：干练的职场女性，身穿职业装，风风火火地穿梭于机场、酒店、办公楼之间，斡旋于同事、老板、客户之间，又或是事业、家庭兼顾的职场妈妈，一手抱着孩子，一手拿着电话处理工作，在家跟小恶魔斗智斗勇，在公司闯关斩将、雷厉风行。

每个女人在成为妈妈之前都是娇柔明媚的女子，都认为自己是可以出得了厅堂、下得了厨房的，然而这一切都会在成为宝妈之后全线崩溃：孕中差点在开会时吐出来，半夜谁换尿不湿，终于熬到可以上幼儿园，每天早上送都要经历一次生离死别，睡前故事更是必不可少。

于是本是职场精英的大女人，被这个小人变成了小女人。没来由的内疚感和疲惫感，诸多让人措手不及的小烦恼……无论工作领域、职级高低，类似的经验可能很多职业女性都有过，她们当然明白不管怎样都要继续前行的道理。可总在突如其来的小事面前觉得撑不下去，只想高悬免战牌，就地躺下，当个不争不抢的小女人。

大女人和小女人被广大男性同胞不断地调侃着，有人说大女人不解风情，争强好胜，没有办法相处，也有人说小女人哭哭啼啼，撒娇粘人，处久生厌。其实只有我们女人自己知道，大多数情况，我们是在大女人和小女人这两个角色中不断转换的，而转换自如的女人们，一定是最幸福的那一批。

不少女性喜欢在社交网络上晒自己"女汉子"的一面。其实，在她们假装自嘲的背后，是这样的潜台词："我才不是娇滴滴的弱女子呢！"

但是，谁跟你说的，女子本该柔弱？

杨绛在医院生女儿钱媛的时候，钱钟书说自己在家里"干了坏事"。他打翻了墨水瓶，把房东家的桌布染了。杨绛说："不要紧，我会洗。"钱钟书说："墨水呀！"杨绛安抚他："墨水也能洗。"

回家后钱钟书把台灯又砸了，杨绛问清楚了是什么灯，说："不要紧，我会修。"

正如杨绛先生这样，真正独立的女人，她们愿意接受合理的男女分工，愿意与爱人分担、为爱人付出。但她们不会把"洗衣服、做饭、生小孩"当成自己的义务，也不认为"修灯泡、换轮胎、通下水道"就一定是在男人的事情。

柴静在《看见》里说：每个轻松的笑容背后，都是一个曾经咬紧牙关的灵魂。

然而，真正优秀的女人，能成为大女人，又能过小女人般精致的生活。

记得在湖南卫视《爸爸去哪儿》第二季的时候，有一次，节目组请了妈妈们来为孩子做饭。

一位明星的老婆做完饭之后，随手摘了几片树叶，用牙签卷起来，当成筷托用。虽然当时吃饭的环境很差，但那一抹绿色，却让这顿饭瞬间变得有诗意了。

这一幕让我印象非常深刻，原来，精致的生活，竟可以如此简单。

一个家庭的主心骨或许是男人。可是，寻常的日子过得是一地鸡毛，还是诗情画意，这个平衡点往往还是在女人身上。

这些年轻时候叱咤职场的"大"女子们，现如今纷纷在家安然畅享着晚年小女人的情调和自如，真好。

亲爱的，请允许自己脆弱

"工资涨了 1000 元，房租却涨了 2000 元，你不努力，怎么生存下去？"

"社会不允许我脆弱，不允许我浪费一分一秒。"

"你不努力，谁替你坚强？"

"成年人的世界就是这样，不允许脆弱。"

……

生活中，我们经常会遇到心情不好、沮丧或者无助的时候，没有人会喜欢这样的感受，所以当我们遇到这样的情况时，会习惯性地想要摆脱。

但是我们经常发现，摆脱那些负面的情绪和感受并不是一件很容易的事情。即使有时候我们可以控制，但是它们就像野草一样，一有机会就会重新在我们的心头滋长。任何人告别脆弱都需要一点时间，你只有允许自己脆弱，才有力气站起来重新选择坚强。

我们错误地理解了坚强，我们总以为坚如钢就是强，我们总以为不哭就是坚强，我们以为冷静就是坚强。

小草看似脆弱，弱不禁风，却可以穿破钢筋混凝土依然翠绿生长。真相往往并不是我们想象的那样。真相总是超越我们头脑的理解。这也是大自然的美妙之处。

记得有一次坐飞机，一个孩子一直在哭，这让我感觉到非常烦躁。在那个烦躁情绪升起的时候，我已经被那个孩子、那个手无缚鸡之力的孩子打败。我的心已经受到影响，并实实在在地被控制。

那个烦躁就是抓住心的手，紧张不安伴随左右。那个烦躁在内心燃烧，而我的表情却是微笑。内在的语言好像在说，我就不示弱，我难道还不如一个孩子吗？内心其实是极大的不臣服。当我们试着去抗拒那个紧张和不安的时候，会愈加地紧缩。

我们活在一个爱贴标签的社会中，坚强和脆弱，也很不自觉地贴在男人和女人身上，好像男人就不能哭，女人就不能强一样，社会的标签很大程度会无情地剥夺我们笑和哭泣的权利，所以我认为坚强和脆弱就如阴阳相生，一样都不能少。我们的身体都存在阴与阳的能量，一个女人可以温柔，但也不能少了果敢，一个男人要有担当和坚强，但是细腻和温柔会更有魅力，正是因为我们所具备的能量不同，才造就了不同的性格。学会平衡自己才会有最舒服的状态

《简·爱》里有一句话："我越是孤独，越是没有朋友，越是没有支持，我就得越尊重我自己。"

尊重自己，其实就是一边喘息，一边拾起勇气，一边哭泣，一边扶起自己，然后向强加在自己头上的命运进行彻底反击，我们也会记住这以剥皮抽筋般的疼痛为代价的瞬间成长！

以脆弱为名，会提醒我们在逆境中，允许自己脆弱1分钟，然后带着微笑，继续对未来保持希望前进。但凡杀不死你的，都会让你更强大。

独处是最珍贵的自由

有人说：城市就是几千万人一起孤独生活的地方。

钢筋水泥筑成的高楼大厦毫无温度，来来往往的车辆陌生又疏离，这里到处人山人海，然而其中大多数人却只是被生活裹夹着前行，我们可能认识的人越来越多，身边的朋友却越来越少。

独处，其实是一种极高的人生姿态，因为只有如此我们才懂得如何照顾自己的内心需求，不被外物所左右，听得到自己的心声。

等你走过了那段青葱般的岁月，等你读了很多书又行了很远的路，等你度过了人生某些最艰难的时光，你就会明白，生命里总有一些日子是需要我们独自走过的，或许是孤单寻觅，或许是爱情残局，或许是婚姻废墟，又或许是一个人的天涯浪迹。我们挣扎在看似的孤单中，然后渐渐冷静、渐渐坚强，又渐渐与孤单和解，为自己再次找到曙光。

但很多人用完全错误的方式去和孤独做斗争，完全抗拒自己独处的时间。

害怕被别人看到自己形单影只，所以马不停蹄地参加各种社交活动，让自己忙碌起来、热闹起来；

每天刷朋友圈，关注大家关注的热点，如果有个梗别人都在说，而自己没听说过就感到惶恐不安；

生日的时候邀请（甚至花钱请）不太熟的朋友来聚会，一起拍照发到网上，显示自己有很多朋友的样子……

最悲哀的莫过于，因为总是害怕一个人，于是把自己长成一根树藤，只能寄生在别人身上。以前是父母，上大学是同学，然后是恋人，结婚后是老公，永远都不能一个人。然而，孤独是任何人都逃不掉的。

从一个人去吃自助吃火锅的你，到一天看 43 次日落的小王子，从唱着心里孤独海怪的万青，到写出《百年孤独》的加西亚·马尔克斯。人生本就是一场孤独的旅行，有些风景只能一个人欣赏，无论走过多少繁华，终究还是要回归安静的，在细水长流的平淡中，静观人间冷暖，孤独中能看清真实的自己，知道自己想要什么，就不会轻易被生活表向所欺骗，学会享受孤独是一种成长。

那么，如何提高自己的独处能力呢？

1. 花时间做自己想做的事情

平时的你总是忙于工作、学习和应酬，难得有一个人独处的时间。在这段时间里，你可以只是听听几张老唱片：Beniamino Gigli 的歌剧咏叹调，抑或是 Elisabeth Schumann 的舒伯特艺术歌曲。也可以在家自己动手做一杯 espresso 或者 latte，读读书，晒晒太阳，放空自己的思想。

拉开窗帘，让温暖的阳光和清新的微风抚摸你的面庞；垃圾扫进袋子里，一溜小跑下楼丢掉，回到家的那一刹那，都觉得干净清爽；乌七八糟的杂物，常用的放进收纳盒，不常用的放进柜子。

放几本书供随手翻阅，买一束花让它兀自开放。

对待生活，饱满而热情，对待自我，庄重而清透。

2. 改造所处的环境，让它因为你的存在而更加绚丽夺目

一个人在家时，去学习如何规整壁橱、收纳物品吧。可以读读山下英子的《断舍离》，会有很多收获。

3. 尝试着与自己约会，无关风月，关乎自己

去听一场歌剧，去看一场电影，去潜水、去攀岩、去野营，去看烟火、去野炊、去骑行，也可以开启一场一个人的旅行。

4. 找到自己的爱好，活成自己想成为的样子

喜欢画画，可以一个人去田野里写生；喜欢舞蹈，可以做自己的现场观众；喜欢烹饪，可以做一场美味佳肴犒赏自己。

5. 减少在电子产品上的时间

比如手机，比如电脑，这些东西，不仅对视力、身体有害，还会让自己变得封闭而孤僻。

6. 养一只小动物，它会让你的生活多姿多彩

你难过的时候它会温柔地舔舔你的手，你开心时它会快乐地摇着尾巴，你吃饭时它会在桌下一脸哀怜地望着你，你看书时它会静静地蜷缩在你的腿上……

这个世界不是孤岛，谁都不可能做到独善其身。在发现，融入和发展自己的世界的同时也要适时社交，不强融圈子，但也不过分封闭。一切皆有度，不盲目社交，也不孤独终老。保持一颗乐观的心态，这样无论你是群居还是独处，其实都可以过得幸福。

一个女性的生命最终将以什么样的方式绽放，取决于她对孤独的接纳程度，希望你能"成为更自由的你自己"。

心态安好，便是晴天

　　人生百味，酸甜苦辣，一辈子会经历很多坎坷，总会遇上各种委屈与不公。特别是对女人来说，除了经历与男人相同的学业压力、职业生涯之外，还面临怀孕、生子、带娃等特殊境遇。若无豁达大气的心态，时时算计自己的利害得失，甚至将一己得失作为好与坏、喜与忧的标准，自然活得辛苦。

　　那些为人大气，持有一颗宽容之心的女人，并非拥有超能力的女子，而是在阅尽人世百态之后，还能持续一份自省、天真与优雅。在她们看来，心外世界的大小并不重要，重要的是内心世界的宽窄。

　　女人的心态是很神奇的东西，它既可以让女人在生活面前沉沦失落，也可以让女人一往无前，活得阳光万里。

　　亲戚里有位阿姨，长得非常好看，衣着打扮十分讲究，年纪轻轻就嫁给了和她共事的上司，当时他们举行了一场盛大的婚礼，郎才女貌，幸福的模样羡煞旁人，但谁也没想到这段婚姻最后却以悲剧收场。

　　阿姨离婚后备受打击，从此一蹶不振，不再精心打扮自己，对感情避而远之，亲朋好友为她介绍对象，被她一概回绝。她几乎关在自己的世界里不再社交，曾经印象中美丽的她，如今过着孤独的生活，暗淡憔悴。

　　而与她相反的是另一个闺密，被男友劈腿，还惨遭失业，所有人都担心她扛不过去，当我发信息试图安慰她，她大大咧咧和我聊了几句，叫我别担心，自己好得很，说这次碰到渣男，以后定会遇上又帅又温柔、懂得珍惜自己的人。

她没有哭天抢地，没有口口声声不再相信爱情，她依然好好吃饭，好好睡觉，认真过好每一天，等待 Mr.Right 出现。不久后她换了新的工作，并遇到了自己的真命天子。

决定女人与女人之间的差距的，不是谁长得漂亮、谁的职业更稳定、谁的家底更富裕，而是谁的心态更好。

心态的好女人，即便生在一个糟糕的环境，嫁给普通的老公，活在七零八碎的日子里，依旧可以把日子过得风生水起。而心态差的女人，即便腰缠万贯、锦衣玉食，也常常会感到身心疲惫，活得很累。

如何培养好的心态？

1. 切断和你过去失败经验的所有关系，消除你脑海中的那些与积极心态背道而驰的所有不良因素。

2. 找出你一生中都希望得到的东西，并立即着手去得到它，借着帮助他人得到同样好处的方法，去追寻你的目标。

3. 培养每天说或做一些使他人感到舒服的话或事，你可以利用电话，或一些简单的善意动作达到此目的. 例如给他人一本励志的书，就是为他带来一些使他生命充满奇迹的东西. 日行一善，可永远保持无忧无虑的心情。

4. 使你自己了解一点，打倒你的不是挫折，而是你面对挫折时所抱持的心态，训练自己在每一次不如意的处境中都能发现与挫折等值的积极的一面。

5. 和你曾经以不合理态度冒犯过的人联络，并向他致以最诚挚的歉意，这项任务愈困难，你就愈能在完成道歉时，摆脱掉内心的消极心态。

6.改掉你的坏习惯，连续一个月每天减少一项恶习，在一周结束时反省一下成果．如果你需要顾问或帮助时，切勿让你的自尊心使你却步。

7.要知道自怜是独立精神的毁灭者，请相信你自己才是唯一可以依靠的人。

8.用你全部的思想做你想做的事，不要留半点思维空间给胡思乱想的念头。

9.使自己多多活动以保持自己的健康心态，生理上的疾病很容易造成心理的失调，要让你的身体和你的思想一样保持活动，以维持积极的行动。

10.增加自己的耐性，并以开阔的心胸包含所有事物，同时也应与各种人接触，学习接受他人的本性，而不要一味地要求他人照着你的意思行事。

慢一点，和自己的灵魂谈谈

有这么一则小故事：有几个探险家到南美洲的原始森林中探险，雇佣了两名当地印第安土著人当向导。价钱谈好之后，他们就出发了。一路上两个印第安人走得飞快，几个探险者气喘吁吁，疲于奔命。

可是，在第四天太阳升起的时候，这两名向导说什么也不走了。探险者莫名其妙，猜测他们可能要提出加钱之类的要求。但是，一名印第安人的回答令所有的探险者目瞪口呆："我们的印第安部落有一个规矩，就是旅行 3 天之后，一定要休息一天，以便让自己的灵魂跟上前进的脚步。"

灵魂似乎是个身负重担或是手脚不利落的弱者，慢吞吞地，经常掉队。但现实生活中，在繁忙的生活和工作节奏里，有多少人在万家灯火的时候还奋战在职场上，只为了可以赢得合作伙伴的支持，带着笔记本、三两件换洗衣服出差更是日常生活常态……

我们几乎忘记了，清晨的阳光静静落在窗台，树上的叶子慢慢地摇曳成长，草丛里虫子隐秘而放纵地鸣唱，让生活慢下来，就现在，不慌不忙，不急不燥。

木心先生曾经写过一首诗，叫《从前慢》：

记得早先少年时
大家诚诚恳恳
说一句是一句

清早上火车站
长街黑暗无行人
卖豆浆的小店冒着热气

从前的日色变得慢
车，马，邮件都慢
一生只够爱一个人

从前的锁也好看
钥匙精美有样子
你锁了人家就懂了

这首小诗之所以能够吸引我们，正是它所蕴藏的慢节奏之美。摆脱时间的宰割，聆听自然的节奏，发现细小的美好，放大生活的感动，用更多的时间，在心中修篱种菊。生活，慢慢来，用平淡无华的心，去领略生命的从容。

慢下来，能让我们聆听到真实的声音。

有一个人手表掉了，然后他急急忙忙总是找不到，后来有个人就给他支招，你不要找了，你就停下来，于是他果断地停下了寻找的脚步，学会静心聆听。他听到那个表在草丛中滴答滴答的声音，这时他方才明白，静才能帮助我们变得智慧，静也能帮助我们找回自己。

慢下来，能让我们更快乐。

一次旅途中，有个导游和我们开玩笑说："来来来，快快来，慢慢走，如果遗憾就回头。"是的，人生所有的美好就在那慢慢地一回头之间，他说出了人生的某种真谛。我们一辈子被固定在某个环境、某种职业、某个线路、某个位置，我们从此以为这些固定的椅子、轮子、路子就是自己的腿脚，在岁月的浣洗中，心因此倦怠暗淡，灵魂和我们离散，我们很有必要走走神，慢慢到另一度空间访问游走一下，去擦亮一些花火，领略一番慢趣，看云卷云舒、花开花落、人来人散。

慢下来，能让我们更接近幸福。

慢下来，你将不再一味地要求自己的孩子搞好学习，在兴趣爱好班锤炼，你将更加关注一家人在一起的美好时光，你将更多地关注孩子内心真正的感受，父母与孩子的那种爱是任何其他东西都无法取代的。

慢下来，你会在一道再平常不过的家常菜中品尝出以前从未有过的滋味，你能从中品位出家人对你浓浓的爱。

慢下来，放假了不再一味外出打牌、娱乐，而是和年迈的父母坐在一起，看着他们日渐苍老的面容，仔细倾听他们日趋重复的唠叨，感受他们内心的空虚与寂寞，就这样，什么都不做，默默地、慢慢地陪伴在他们身旁。

我们也许已经习惯了繁忙的脚步，当身心疲惫的时候，何不放慢一下脚步，等一等身后的灵魂，开启一种休闲的生活方式，享受有限的人生。

世界不缺美，别让美的定义太狭隘

　　我记得有一次，有个朋友问我，你说现在的男生是不是都喜欢网红脸呀？像我这种普通的女生感觉就没人喜欢了。

　　她是我身边为数不多没有谈过恋爱的女生。我知道在生活当中，这种自定义为"普通"的女生占很大比例。她们对爱情会有憧憬，可是因为受千篇一律的大众审美观，浮躁而又缺乏思考的环境的影响，她们会有所顾虑，然后对爱情望而却步。

　　无数的女孩拿着明星的照片说着要整成谁谁谁的样子，或者整成千篇一律的脸，失去了自身应有的特色。有时候看到一群姑娘自拍的时候，你无法分辨，她们谁是谁。

　　人有自己的审美是好事，但是要在清醒地意识到，这个审美是大环境强加给自己的还是自己思考过后的选择？

　　我认可双眼皮很好看，可是我也觉得单眼皮真的很有魅力，我觉得瓜子脸看起来很精致，但我同样觉得圆脸很可爱、国字脸很大气。如果今年紫色很流行，那我到底是因为大家都穿，都说紫色时尚，只要我穿上了我也是一个潮咖，所以我去买，还是我真的看中一个东西，它是紫色的，真的很好看，真的很适合我，我真的很想买？

　　同理，如果你本身对自己没有意见，只是因为别人的一己之见就对自己的外貌产生怀疑，不如听听徐静蕾的这番话："为什么我们要教育成一个讨人喜欢的姑娘，而不是一个被自己喜欢的人？"

追求世俗定义的美，远不如拥有自己的审美来得重要。

想象我们的审美是一部电梯，四周围绕着世间万物，每一件事物位于各自不同的层数（一层或者很多层）。当审美能力停在 3 层时，自然欣赏不了 88 层的事物。而当你不断上行，再回看低层那些曾把你美到哇声连连的东西，也许连"哦"都懒得给。

拥有发现美的眼睛，让美的定义更广泛，是一个爱美的女人终身的课程。

在这个审美逐渐狭隘的时代，我们应该打破思想禁锢，重新解放美的自由。美不仅仅是外在的表现，更来自内涵。每一个人对美的感知不一致，甲之蜜糖，乙之砒霜。我们不能要求别人认同自己认为美的事物，别人也不能来要求我们去迎合别人的眼光，不嘲笑不完美的人，尊重所有事物，尊重所有人对美的理解。每一个人的美都是独一无二的。

白、瘦、高是美，黑、胖、矮也是美；

外表华丽是美，内心有趣也是美；

一枝独秀是美，百花齐放也是美；

和谐舒服是美，突兀刺激也是美。

如果你是个性格恬静、面目清淡的女子，那就不要勉强自己开朗外向，强求那一份热烈奔放的瑰丽，如果你是个爽朗、大方、好动的女子，那就不要束缚自己的笑脸，把浓郁的颜色掩藏起来。我们能做好的，不是世俗标准里面的优雅女子，而是最真实、最完善、最独特的自己。

　　造物主是公平的，作为女人，一定有她独特美丽的一面，没有一个女人是不值得称赞的。有的女人眼睛是她的灵魂，她可以用她的眼睛说话；有的女人拥有吹弹可破的皮肤，洁净纯美；有的女人一头秀发让人无不为之倾倒。即使你的外表没有一样可以让你傲视群芳的，但是，你别忘记，你还有微笑，"一笑倾人城，再笑倾人国"，冷若冰霜的美貌怎么能够比得上一个真诚、愉快的微笑呢？

　　最后，我想说的是，接受这世界关于女孩子世界中更多不同的美丽，偶尔跟主流审美暂别，你会发现，你的眼睛装进了更多的美丽。

　　这些被称为缺陷的部分，都是值得我们拥抱的——缺陷美。

优雅是唯一不会褪色的美丽

　　她是一位已经毕业了几年，还在社会上辛苦打拼的年轻女孩。这天晚上，结束了一天的工作，她腰酸背痛，身心俱疲。来到过去曾经去过的面馆，点了一碗牛肉面。

　　面上来了，可似乎和原来的不一样。碗里的牛肉比原来少了很多。一整天压抑的情绪难以遏制地喷薄而出。女孩忍不住委屈，连卖面条的都欺负我！

　　她和老板吵了起来。老板说，现在什么都涨价了，你付的钱就只有这点牛肉，要牛肉多，你加钱啊。女孩再也忍不住了，坐在那里嚎啕大哭。

　　旁边的几个好心人看不下去了，纷纷劝那个女孩算了，少一点就少一点吧，值不得为这么点事而哭。

　　女孩慢慢止住哭声，擦掉眼泪。

　　"我不是因为牛肉少了而哭，而是因为自己居然会因为牛肉少了而争吵才哭，这不是我想要的生活。"

　　我们很多人的人生，都有过和这位女孩类似的遭遇，经历了很多的不堪，客户的刁难、上司的呵斥、同事的嘲笑，或者因为囊中羞涩，不得不放下自己喜欢的衣服时服务员眼里的不屑和讥讽。

　　我们会为此痛苦、伤心、失望，看不起自己。甚至开始撒泼打滚，声嘶力竭，破罐子破摔，言辞粗鄙、肆无忌惮地骂人，理直气壮地无视公共规则，放纵自己邋遢和肥胖，纵容自己高涨的负面情绪……

直到，一点点丢失自己身为女人的优雅。

也许，我们有很多理由为自己辩解，为什么我们不再活得像个女人？少女时代眨眼即逝，取而代之的是妈妈、妻子、婆婆、奶奶之类的身份。我们要与生活的苦闷和琐碎做斗争，与日渐松弛的皮肤、身材做斗争，与越来越严苛的生存要求做斗争。

于是给自己温柔装上盔甲，脱掉裙装，剪掉碍事的长发，蹬掉高跟鞋，一手抱孩子，一手护家庭，扛着工作，像个女战士一样一路向前狂奔。这是生活逼不得已的选择呀！

难道，一个女人优雅必须建立在有钱又有闲的基础之上？

我记得楼下小区曾住着一个单亲妈妈，每天下班后，她都会带着6岁左右的小女儿去捡路边的空饮料瓶补贴家用。这种近乎收破烂的活儿却让她做得像午后散步一般优雅。她跟小女孩一人戴着一顶遮阳帽，穿着素雅的淡花裙子，一边走一边笑，回答女儿种种提问，像任何一对出门散步的母女一般。不同的是，她们手里拎着一个洗得干干净净的编织袋，里边装着收集来的饮料瓶。

这样的女人，你能从她身上看到一种身为女性的柔韧的力量。当一个女人，意识到自己身为女人时，她会散发出无穷的能量和魅力。这种力量与生俱来，不论生活困苦与否、岁月流逝如何、社会角色定位怎样，它们都不会成为这种本性被湮灭的理由。

这种力量，叫作优雅。而它，表现出来有很多的形式：

一个真诚、善意的微笑，是一种优雅；

一个伸手的帮助，是一种优雅；

一种鼓励的话语与掌声，是一种优雅；

积极阳光的心态，是一种优雅；

一种得体的穿着、打扮，是优雅；

讲文明、礼貌、礼仪、礼节，是优雅……

诚然，优渥的经济条件让人的生活状态更加舒适，可以买合体的衣服、用好的化妆品，轻松拥有优雅的装扮，但这些离真正的优雅还很远，即便只从外形上来说，得体挺拔的姿态比漂亮的服饰让人更显优雅。

好的经济条件也让人对这世界更加有爱，更容易心存善意。但是每个人的心态取决于自己，是放下戾气优雅地活着，还是一边抱怨着一边苟且着，全在自己。

昂贵的服饰珠宝不是人人都能消费得起的，但人人都可以追求优美的姿态，至少坐有坐相，站有站相，我们也并不是每时每刻都被这世界温柔以待的，在维护自己的正当权益的时候，与其大动干戈、歇斯底里，不如淡定得体、优雅从容。

优雅，虽然需要物质基础作为支持，但是它的本质却源于我们的内心，是我们作为女人的一种本能。它是一种美，是女人一生的责任，是我们对待生活的态度。

优雅可以跨越身份、职业、年龄、地域的限制，永不褪色。只要我们内心对自己不放弃，可以一直保持一份美与优雅。

优雅从来不是一种专利，愿你我精致一生，优雅到老！

后记

终其一生，不要失去美的信仰

—— 正因为我们不完美，我们才要追求美

冰心曾说过："世界上若没有女人，这世界至少要失去十分之五的真，十分之六的善，十分之七的美。"

我问身边的男士们：这个世界上如果没有女人，会怎么样？

他们说：DISASTER（灾难）。

没错，女人，是造物主留给尘世的精妙绝作，是美丽的化身，是天地间的精灵。女人一生，花开是画，花落是诗。不管是雍容华贵的牡丹也好，楚楚动人的玫瑰也好，亭亭玉立的莲花也好，清丽脱俗的兰花也好，卓尔不群的梅花也好，抑或默默无闻的野花也好，女人花，花开不一定倾城，但花开一定美丽。

我觉得人来到这个世界上都是有自己的使命的，而女人，追求美——则是我们与生俱来的使命。

但很可惜的是，我们身边的女性朋友大多数放弃自己太早了。

年过 25 不再谈青春，年过 35 不再谈年轻，年过 40 不论曾经如何花容月貌，就不再谈姿色了。很多女人没有终生求美的信心和勇气。大部分人觉得，美丽与美好似乎只是年轻人的专利，而年龄稍长的女性仿佛就不该美好，也不能美好了。

女人终其一生，需要扮演很多角色：女儿、妻子、母亲，每一个角色都要演好，每一个角色都需要全力以赴。当女人为了生计奔波的时候，为了老人、孩子不辞辛苦的时候，谁还记得你也是个女人，甚至连自己，都忘了原本的美丽和温柔。

于是日渐放逐自己，身材散漫走样，发型杂乱枯燥，衣着邋遢随意，甚至连买一束花、做一份下午茶点心的怡情，也渐渐消失。

是的，女人很难做，一个好看的女人更难做。

影响我们追求美的因素有很多：

老啦，不行了，讲究也没用，讲究了也没人欣赏，自己还累。

每天奔波于灶台和格子间，为了打折的衣服挤破脑袋，哪来保持美的体力、时间和经济实力？

已经结婚生子了，再美也抵不过岁月的摧残，留不住变心人的眼……

但我想说的是，女人的美不是为了求偶，不是为了他人的赞赏，而是与生俱来的使命，那是我们应有的尊严。

赫本曾是全世界男人的女神，但她的一生，也有不完美的地方。父爱的缺失、感情的挫折，都曾让她一度遭受打击。但她始终充满热情地去生活，尤其是晚年积极参加儿童公益，不吝付出她全部爱心。

被誉为上海滩最后的贵族名媛，著名的老上海"永安百货"郭氏家族的四小姐郭婉莹，曾落魄到洗马桶，可却美丽了一辈子。

在家境最难的时候，带着一双子女被扫地出门，蜗居在一间7平方米的旧亭子，屋顶都是破的。

冬天早上醒来的时候，她跟两个孩子的脸上都结着霜。可是有人问到她，她却说："晴天的时候，阳光会从破洞照进来，好美。"

曾经的郭氏小姐的身份，不再能够给她带来荣耀。

从小有佣人伺候的大小姐，每天都被逼着干重活，修路、挖鱼塘、挑河泥，曾经不沾阳春水的十指，早就布满茧子，结满血痂。

即便生活满是辛酸，她也要活得美丽，活出诗意。

没有蒸具，她用饭盒也要蒸出美味的蛋糕；没有烤箱，她用铁丝也要烤出香脆可口的饼干；没有茶具，随便拿个吃饭用的碗，她也要天天喝自制下午茶。

因为，在她看来：美丽，是女人一生的使命。一个人，不管何时何地，保持自己优雅美丽地活着，是做人该有的样子。

而我身边，也有很多这样的女性，在遭遇失业、婚变、亲人离世甚至大病大灾的时候，依旧保持了自己得体的妆容和挺直的脊背。

这些女人，用一生在诠释"美"这个字。她们教会你，保持对美的追求并不在于你的财富、权势，而在于你是否拥这种高贵的精神。

当我们深刻地认识到这一点时，所有的阻碍都将不再是阻碍。

人都说天生的好皮相一时光鲜，好骨相却能优雅永远。什么是好骨相？那便是我们对美的追求和信仰，它会成为女人一生之中最坚实的力量。

在忙碌的生活中，很多人都会疑惑，什么才是我们一生当中最本质的需求？夜深人静时，我也会思考这个问题，许多的感悟便如流水一般滑过自己心头，一切都如此的清晰而坚定：

美好的人生，必然是我们最渴求、最想体验的人生。当一个女人注重自己的内心体验时，她便会将内心多余冗杂的东西丢弃掉，为自己营造一个洁净的心灵花园，正是这一方天地，修炼和滋养了我们对美的希求和感受。那时候，喧嚣与浮华消失不在，剩下的就是重视美丽生命的自己。

但美丽，又是实实在在的。

是熬夜加班之后洗净敷上面膜的那张脸，是洗完碗筷之后擦满护肤霜的那双手，是约会前涂上口红的唇，是走上演讲台时傲然挺起的腰背，是面对各种美食、垃圾饮料诱惑的节制，是周末小阳台上的一束鲜花和下午茶，是人群里永远恰当的那抹微笑……

美，是一个女人终生的信仰。它需要我们对自己多一份关心，多一份要求。

这份关心和要求，会让我们时时刻刻保持自己挺拔的身姿和饱满的精神状态。也许会有朋友说，相对于外表，我更愿意注重心灵，心灵的美丽才是更本质的美丽。我非常赞成这个观点，心灵美确实是所有美丽的基础。

但是，有了内在的美丽，为什么不让外在的所有都一起美好起来呢？而且外在美同样能反馈到我们的心灵上，互相滋养。

我希望，每一个女人都能记住，你是造物主独一无二的佳作，你是背负着美的使命而来。美是我们一生的尊严和责任，不管身处什么年龄阶段，都是追求美最好的年纪。

请别在任何时候放弃你自己。也许将来我们会面对很多困难，也许生活会遭遇意想不到的变故，也许我们的容貌、体态会日渐衰老、走形，也许我们会遭受很多人的质疑和打击，但是无论如何，请保持自己内心对美的信仰，那是我们对抗这个善变的世界最有力的武器。

辰薇

2019 年 12 月 1 日